신기하고 재밌는
포유류도감

신기하고 재밌는
포유류도감

초판 인쇄　2025년 4월 17일
초판 발행　2025년 4월 25일

지은이　씨엘
펴낸이　진수진
펴낸곳　혜민BOOKS

주소　경기도 고양시 일산서구 대산로 53
출판등록　2013년 5월 30일 제2013-000078호
전화　031-911-3416
팩스　031-911-3417

* 본 도서는 무단 복제 및 전재를 법으로 금합니다.
* 가격은 표지 뒷면에 표기되어 있습니다.

신기하고 재밌는

포유류도감

글·그림 **씨엘**

차례

1. 라마 · 6
2. 히말라야타알 · 8
3. 붉은사슴 · 10
4. 에조사슴 · 12
5. 자넨염소 · 14
6. 목도리페커리 · 16
7. 뉴트리아 · 18
8. 카피바라 · 20
9. 다마사슴 · 22
10. 목화머리타마린 · 24
11. 고슴도치 · 26
12. 다람쥐 · 28
13. 삼색다람쥐 · 30
14. 기니피그 · 32
15. 오소리 · 34
16. 침팬지 · 36
17. 흑염소 · 38
18. 포니 · 40
19. 망토원숭이 · 42
20. 바라싱가 · 44
21. 일본사슴 · 46
22. 다람쥐원숭이 · 48
23. 줄무늬몽구스 · 50
24. 너구리 · 52
25. 아비누스개코원숭이 · 54
26. 다이아나원숭이 · 56
27. 브라자원숭이 · 58
28. 기린 · 60
29. 프레리도그 · 62
30. 캥거루 · 64
31. 레서판다 · 66
32. 아이벡스 · 68

33. 두발가락나무늘보 · 70
34. 아르마딜로 · 72
35. 큰개미핥기 · 74
36. 마라 · 76
37. 흰코뿔소 · 78
38. 물소 · 80
39. 수달 · 82
40. 바바리양 · 84

41. 미어캣 · 86
42. 토끼 · 88
43. 나귀 · 90
44. 양 · 92
45. 일런드 · 94
46. 아시아코끼리 · 96
47. 유럽들소 · 98
48. 그랜트얼룩말 · 100

49. 세이블앤틸롭 · 102
50. 낙타 · 104
51. 아메리칸테이퍼 · 106
52. 큰뿔소 · 108
53. 꽃사슴 · 110
54. 하마 · 112
55. 일본원숭이 · 114
56. 코먼마모셋 · 116

57. 오랑우탄 · 118
58. 알락꼬리여우원숭이 · 120
59. 로랜드고릴라 · 122
60. 겜스복 · 124
61. 몽고야생말 · 126
62. 무풀론 · 128
63. 과나코 · 130
64. 아메리카들소 · 132
65. 사불상 · 134

라마

'아메리카낙타'라고도 불리는 동물입니다. 등에 혹은 없지만 얼굴 생김새와 긴 목, 굵은 털 등 겉모습이 낙타와 닮았지요. 라마는 작은 머리에 주둥이가 갸름한 편이고, 귀가 길며, 네 다리가 가느다랗습니다. 아울러 검은색, 흰색, 갈색 등 여러 종류의 털 색깔을 가졌지요. 여러 색깔이 섞여 점 같은 무늬를 이룬 것도 있고요.

 라마는 몸길이 1.2~2.1미터, 몸무게 80~150킬로그램 정도입니다. 과거 야생에서는 해발 2천~4천 미터에 달하는 남아메리카 산악 지대의 초원이나 숲에 주로 서식했지요. 하지만 지금은 가축화되어 인간의 삶과 함께하는 경우가 많습니다. 기후 변화에 강하고 힘이 세서 남아메리카 원주민들이 짐을 운반하거나 고기를 얻는 데 이용해왔지요. 이 동물은 50킬로그램이 넘는 짐을 지고 하루에 20~30킬로미터를 이동한다고 합니다. 라마는 작은 무리를 이루고 살며 초원의 키 작은 나무와 풀을 즐겨 뜯어먹습니다. 오랫동안 물을 먹지 않아도 잘 견디며, 한배에 한 마리의 새끼를 낳지요. 누가 자신을 괴롭히거나 기분이 나쁘면 침을 뱉는 동물로도 잘 알려져 있습니다.

분포지 남아메리카의 칠레, 페루, 에콰도르, 볼리비아, 아르헨티나 등
크기 몸길이 1.2~2.1미터, 몸무게 80~150킬로그램
먹이 키 작은 나무와 풀 등

히말라야타알

'히말라야산양', '히말라야시로'라고도 합니다. 주요 서식지는 히말라야산맥의 해발 3천500~4천500미터 지역이지요. 방글라데시를 비롯해 부탄, 네팔, 인도, 티베트 등에서 찾아볼 수 있습니다. 그런데 지금은 사람들의 무분별한 사냥과 자연 파괴로 개체 수가 많이 줄어들어 멸종 위기 종으로 분류됩니다. 히말라야타알은 몸길이 1~1.7미터, 몸무게 55~130킬로그램 정도입니다. 몸통에 비해 다리가 길고, 머리 뒤쪽으로 휘어진 짧은 뿔을 갖고 있지요. 목 위쪽에서 등으로 검은 갈기가 나 있으며, 짤막한 꼬리에는 털이 풍성합니다. 몸은 대부분 검은색 털로 덮여 있는데, 배와 꼬리 부분에 붉은색 털이 섞여 있지요. 그리고 다리의 털은 하얀빛을 띱니다. 히말라야타알은 산림뿐만 아니라 바위가 많은 산악 지대에서 살아가는 데도 무리가 없습니다. 낮에는 대개 휴식을 취하다가 이른 아침과 늦은 오후에 활발히 먹이 활동을 하지요. 주로 풀과 나뭇잎 등을 먹습니다. 히말라야타알은 암수가 따로 소규모 집단생활을 하다가 번식기가 되면 함께 생활하지요. 평균 수명은 10~15년입니다.

분포지	방글라데시, 부탄, 네팔, 인도, 티베트 등	크기	몸길이 1~1.7미터, 몸무게 55~130킬로그램
먹이	풀과 나뭇잎 등		

붉은사슴

아시아와 유럽, 북아메리카에 분포하는 사슴입니다. 주로 산림 지대에 살면서 부드러운 나뭇잎과 풀을 즐겨 먹지요. 붉은사슴의 몸길이는 1.5~2.6미터, 몸무게는 120~250킬로그램 정도입니다. 수컷은 뿔을 갖고 있는데, 그 길이가 80~120센티미터에 이르지요. 몸에는 부드러운 황갈색 털이 덮여 있으며, 엉덩이에 노르스름한 반점이 있습니다. 아울러 여느 사슴처럼 기다란 목과 큰 귀, 곧게 뻗은 네 다리를 갖고 있지요.

평소 붉은사슴은 암수가 따로 무리를 지어 생활합니다. 그러다가 번식기가 되면 수컷들이 경쟁해 승리한 개체가 다수의 암컷을 차지하지요. 암컷은 230~240일의 임신 기간을 거쳐, 6월 무렵 1~2마리의 새끼를 낳습니다. 새끼는 태어나자마자 일어서서 걸으며 붉은여우 등 천적의 접근으로부터 자신을 보호하지요. 야생에서 붉은사슴의 평균수명은 15~18년으로 알려져 있습니다. 한편 중국에서는 붉은사슴을 일컬어 '마록'이라고 합니다. 우리말로 옮기면 '말사슴'이라고 할 수 있습니다.

분포지 아시아, 유럽, 북아메리카 **크기** 몸길이 1.5~2.6미터, 몸무게 120~250킬로그램 **먹이** 나뭇잎, 풀, 이끼 등

에조사슴

일본 홋카이도를 여행하다 보면 종종 마주치게 되는 사슴입니다. 우리나라에도 일부 지역에 야생 사슴이 살고 있지만, 일본의 에조사슴은 개체 수가 제법 많지요. 아마도 홋카이도 지역이 야생 동물이 서식하기에 좋은 환경을 갖췄기 때문일 것입니다. 실제로 그 지역에서는 에조사슴뿐만 아니라 곰과 여우 등을 심심치 않게 볼 수 있지요.

에조사슴은 꽃사슴의 일종으로 일본을 비롯해 우리나라와 타이완, 중국 등에도 서식합니다. 하지만 많은 개체가 일본에 살다 보니 '홋카이도(북해도)사슴'이라고 불리지요. 이 사슴은 몸길이 1.3~1.8미터, 몸무게 70~110킬로그램 정도입니다. 수컷은 80센티미터 안팎의 기다란 뿔을 갖고 있지요. 온몸에는 적갈색 털이 덮여 있는데, 겨울철에는 잿빛 털이 많아지는 것을 볼 수 있습니다. 또한 암수 모두 엉덩이에 커다란 흰색 반점이 있어 개성적인 모습을 자랑하지요.

에조사슴은 주로 산림 지대에서 무리를 지어 생활합니다. 번식기가 아니면 암수가 따로 움직이지요. 주요 먹이는 풀과 나뭇잎, 열매 등입니다. 평균 수명은 약 15년입니다.

분포지 한국, 일본, 타이완, 중국　**크기** 몸길이 1.3~1.8미터, 몸무게 70~110킬로그램　**먹이** 나뭇잎, 풀, 열매 등

자넨염소

 스위스 자넨이 원산지입니다. 전 세계에 널리 분포하며, 우리나라에서도 젖을 얻기 위해 키우는 대부분의 종이 자넨염소지요. 이 염소는 덩치가 큰 만큼 젖의 양이 풍부합니다.

 자넨염소는 몸길이 1.3~1.6미터, 몸무게 50~90킬로그램 정도입니다. 암수 모두 뿔이 있지요. 온몸에는 새하얀 털이 덮여 순백의 아름다움을 자아냅니다. 그리고 한 뼘쯤 되는 기다란 턱수염을 가졌습니다. 물론 그 수염도 새하얗지요. 무엇보다 자넨염소의 가장 큰 특징으로는 여느 염소에 비해 발달된 유방을 손꼽을 수 있습니다. 1년에 300일가량 젖을 짜는 것이 가능한데, 하루에도 그 양이 2.5킬로그램 안팎이나 된다고 합니다.

 염소는 대부분 열악한 환경에도 잘 적응하는 동물입니다. 자넨염소도 다르지 않아 추위에 강하고 성질이 온순한 편이지요. 사람들이 제공하는 풀과 곡물도 가리지 않고 잘 먹습니다. 자넨염소는 번식기에 150일 안팎의 임신 기간을 거쳐 1~2마리의 새끼를 낳지요. 평균 수명은 10~15년입니다.

분포지 한국을 비롯한 전 세계 **크기** 몸길이 1.3~1.6미터, 몸무게 50~90킬로그램 **먹이** 풀, 나뭇잎, 곡물 등

목도리페커리

 중앙아메리카와 남아메리카의 열대우림에 분포하는 포유동물입니다. 주로 수풀이 우거진 곳에 서식하지만, 해안과 사막 지대에서도 발견되지요. 기후에 따라 먹이 활동 및 체온 유지를 잘해 환경 적응 능력이 뛰어나기 때문입니다.
 목도리페커리는 겉모습이 멧돼지와 닮았습니다. 이 동물 역시 멧돼지처럼 4개의 송곳니가 있는데, 입을 벌리지 않으면 밖으로 잘 드러나지 않는 차이가 있지요. 털 색깔도 비슷해, 멧돼지가 흑갈색이라면 목도리페커리는 잿빛이 섞인 검은색 털로 덮여 있습니다. 다만 멧돼지와 달리 어깨 쪽에 희끄무레한 줄무늬가 보이지요. 이 모습이 마치 목도리를 두른 것 같아 목도리페커리라는 이름이 붙은 것입니다. 목도리페커리는 몸길이 75~100센티미터, 몸무게 14~30킬로그램입니다. 시력은 별로지만 후각과 청각이 발달했지요. 보통 5~15마리씩 무리지어 생활하면서 나무 열매와 뿌리, 선인장, 새알, 뱀, 개구리, 곤충 등을 먹습니다. 번식기의 암컷은 5개월 정도의 임신 기간을 거쳐 1~3마리의 새끼를 낳지요. 야생 상태에서 평균 수명은 10년 안팎입니다.

분포지	중앙아메리카와 남아메리카의 열대우림	크기	몸길이 75~100센티미터, 몸무게 14~30킬로그램
먹이	나무 열매와 뿌리, 선인장, 새알, 뱀, 개구리, 곤충 등		

뉴트리아

　설치류 중 하나입니다. '늪너구리'라고도 하지요. 겉모습이 쥐와 닮아 '대형쥐'라는 별명도 얻었습니다. 뉴트리아는 원래 칠레와 아르헨티나를 중심으로 남아메리카에 분포하는 종이지요. 그런데 여러 나라에서 모피를 얻기 위해 들여와 사육하다가 방치하는 바람에 세계 각지에 정착하게 됐습니다. 지금은 우리나라를 비롯해 북아메리카, 유럽, 일본 등 많은 나라의 자연에 서식하고 있지요. 뉴트리아는 몸길이 0.7~1.1미터에, 몸무게는 10~15킬로그램입니다. 그런데 몸길이 중 꼬리 길이가 23~44센티미터에 이르지요. 몸 색깔은 전체적으로 갈색을 띠며, 부드러운 속털과 거친 겉털이 적절히 어우러져 있습니다. 머리는 크지만 귀는 작고, 뒷발에는 물갈퀴가 있어 수영을 잘하지요. 또한 매우 단단한 이빨을 가져 먹이 활동을 하는 데 편리합니다. 뉴트리아는 강가나 늪 근처 땅에 굴을 파고 서식합니다. 주요 먹이는 수중 식물의 잎과 뿌리지요. 이따금 곤충을 잡아먹기도 합니다. 뉴트리아는 1년에 2~3차례 임신해 한배에 4~8마리의 새끼를 낳을 만큼 번식력이 뛰어나지요. 평균 수명은 10년 안팎입니다.

분포지	남아메리카를 비롯한 세계 여러 나라	크기	몸길이 0.7~1.1미터, 몸무게 10~15킬로그램
먹이	수중 식물의 잎과 뿌리, 곤충 등		

카피바라

 설치류 중 몸집이 가장 큰 동물입니다. 남아메리카의 아마존강 근처에 주로 서식하지요. 어디든 강이나 호수, 습지처럼 물이 풍부한 곳을 좋아합니다. 이름에 '초원의 지배자'라는 뜻이 담겨 있지요.
 카피바라는 몸길이 1~1.3미터, 몸무게 30~75킬로그램까지 자라는 동물입니다. 온몸에 길이 5센티미터에 이르는 거친 적갈색 털이 덮여 있지요. 또한 누런빛을 띠는 커다란 앞니가 2개 나 있으며 꼬리는 없습니다. 앞다리에 비해 뒷다리가 긴데다 물갈퀴가 있어 헤엄을 잘 칠 수 있지요. 천적이 가까이 있으면 물속에 들어가 긴 시간을 보내기도 합니다.
 카피바라는 보통 10마리 안팎이 무리지어 생활하는데, 때에 따라 100마리가 넘는 대형 집단을 이루기도 합니다. 무더운 한낮보다는 아침과 저녁에 활발히 활동하지요. 주요 먹이는 수생식물과 곡물, 부드러운 나뭇잎 등입니다. 이 동물은 평균적으로 1년에 한 번 번식하며, 5개월 정도의 임신 기간을 거쳐 2~8마리의 새끼를 낳지요. 평균 수명은 8~10년입니다.

분포지	아마존강을 중심으로 한 남아메리카	크기	몸길이 1~1.3미터, 몸무게 30~75킬로그램
먹이	수생식물, 곡물, 부드러운 나뭇잎 등		

다마사슴

 오래 전부터 유럽에 널리 분포하는 사슴입니다. 지금은 미국, 오스트레일리아, 뉴질랜드, 아르헨티나, 칠레, 에콰도르, 남아프리카공화국 등에도 서식하지요. '팰로사슴'이라는 이름으로도 불립니다.

 다마사슴의 크기는 몸길이 1.3~1.8미터, 몸무게 30~100킬로그램 정도입니다. 암컷과 달리 뿔이 있는 수컷의 경우 몸무게가 많이 나가지요. 다마사슴의 뿔은 끝부분이 손바닥처럼 되어 있어 여느 사슴들과 그 모양에 차이가 있습니다. 뿔의 길이는 63~94센티미터이지요. 다마사슴의 털 색깔은 갈색 바탕에 흰 반점이 잔뜩 섞여 있는 모습입니다. 배와 다리에도 흰색 털이 많이 보이고요. 하지만 사육되는 경우 털 색깔에 적지 않은 변이가 있습니다.

 다마사슴은 서식 지역에 따라 단독 생활을 하거나 무리를 지어 생활합니다. 수컷의 경우 번식기가 아니면 주로 단독 생활을 하지요. 번식기의 암컷은 230일 안팎의 임신 기간을 거쳐 한배에 한 마리의 새끼를 낳습니다. 주요 먹이는 풀과 나뭇잎이며, 부드러운 나뭇가지를 먹기도 합니다.

분포지	유럽 및 미국, 오스트레일리아, 아르헨티나, 칠레, 남아프리카공화국 등
크기	몸길이 1.3~1.8미터, 몸무게 30~100킬로그램
먹이	풀, 나뭇잎, 나뭇가지 등

목화머리타마린

'솜털머리타마린' 또는 '솜털모자타마린'이라고도 합니다. 콜롬비아, 에콰도르, 볼리비아 등 남아메리카에 분포하는 작은 원숭이지요. 머리에 솜털 같은 털이 수북이 나 있어 이런 이름이 붙었습니다. 그와 달리 얼굴에는 털이 없지요.

목화머리타마린의 몸길이는 17~25센티미터에 불과합니다. 몸무게도 300~550그램밖에 안 되지요. 주요 서식지는 열대우림의 산림 지대이며, 주로 10마리 이내로 무리를 지어 생활합니다. 주로 열매와 씨앗 같은 식물성 먹이를 비롯해 곤충, 새알, 개구리, 도마뱀 등 동물성 먹이까지 즐겨 먹는 잡식성 먹이 활동을 합니다. 야생에서 평균 수명은 13~16년이지요. 목화머리타마린은 밤보다 낮에 움직임이 활발한 주행성 동물입니다. 대부분 나무 위에서 생활하며, 마치 새소리 같은 기척을 자주 내지요. 이 소리는 무리 내의 서열을 정하는 과정에서 발생될 때가 많습니다. 직접적인 다툼을 벌이기 전에 이와 같은 심리적 싸움으로 서열을 정하지요. 번식기의 암컷은 한배에 2마리의 새끼를 낳습니다.

분포지	콜롬비아, 에콰도르, 볼리비아 등 남아메리카
먹이	열매, 씨앗, 곤충, 새알, 개구리, 도마뱀 등
크기	몸길이 17~25센티미터, 몸무게 300~550그램

고슴도치

 야행성 포유동물입니다. 등과 옆구리 털이 가시 같은 조직으로 변한 독특한 생김새를 갖고 있지요. 이런 형태는 우리나라에 서식하는 포유동물 중 고슴도치가 유일합니다. 아울러 네 다리는 짧고 몸은 통통하지요. 머리는 흑갈색이고, 옆구리와 꼬리는 갈색이며, 배는 옅은 갈색입니다. 고슴도치는 천적과 맞닥뜨렸을 때 네 다리를 배 쪽으로 모아 몸을 둥글게 만드는 습성이 있지요. 그 자세는 등에 난 가시를 이용해 자신을 보호하기에 적합합니다.

 고슴도치의 크기는 몸길이 19~24센티미터, 몸무게 360~620그램 정도입니다. 대부분 단독 생활을 하며 겨울잠을 자지요. 주요 분포지는 한반도와 중국 만주, 러시아의 아무르 지역 등입니다. 산림 지대와 습지, 농경지 등에 주로 서식하지요. 잡식성 동물로 지렁이, 딱정벌레, 달팽이, 도마뱀, 뱀, 개구리, 새알 등을 비롯해 풀뿌리와 열매도 즐겨 먹습니다. 고슴도치는 나무뿌리나 말라죽은 고목, 바위 틈 등에 보금자리를 만듭니다. 번식기의 암컷은 한 달 남짓한 임신 기간을 거쳐 보통 2~5마리의 새끼를 낳지요. 야생에서 평균 수명은 5년 안팎입니다.

분포지 한반도, 중국 만주, 러시아의 아무르 지역 등
크기 몸길이 19~24센티미터, 몸무게 360~620그램
먹이 지렁이, 달팽이, 도마뱀, 뱀, 개구리, 새알, 풀뿌리, 열매, 오이, 참외 등

다람쥐

흔히 좁은 의미의 다람쥐는 한반도를 중심으로 아시아 북동부의 산림 지대가 원산지인 다람쥐과 동물을 가리킵니다. 지금은 그 개체들이 유럽에도 널리 퍼져 있지요. 다람쥐는 몸길이 12~18센티미터, 몸무게 0.5~1킬로그램 정도 되는 작은 동물입니다. 그에 비해 꼬리가 8~13센티미터에 이를 만큼 길지요. 털 색깔은 전체적으로 적갈색을 띠며, 등 쪽에 5줄의 어두운 줄무늬가 있습니다. 아울러 배에는 하얀 털이 덮여 있고, 검고 큰 눈동자가 반짝이며, 작은 귀를 가졌지요. 무엇보다 먹이를 옮기기에 알맞은 뺨주머니가 발달했습니다.

다람쥐는 우리나라에서 자주 접할 수 있는 동물로, 숲이 우거지고 바위가 많은 지역에 주로 서식합니다. 땅에 굴을 파서 보금자리를 만들며, 가까운 곳에 1~2곳의 먹이 저장 창고를 두지요. 그것은 반수면 상태로 겨울잠을 자다가 먹이 활동을 할 때 도움이 됩니다. 주요 먹이는 도토리, 밤, 잣, 땅콩, 옥수수, 오이, 호박 등이지요. 다람쥐는 주행성 동물이며, 나무를 잘 탑니다. 암컷은 24일 안팎의 임신 기간을 거쳐 한배에 3~6마리의 새끼를 낳지요.

분포지 한반도를 비롯한 아시아 북동부의 산림 지대 등
크기 길이 12~18센티미터, 몸무게 0.5~1킬로그램
먹이 도토리, 밤, 잣, 땅콩, 옥수수, 오이, 호박 등

삼색다람쥐

 우리나라에서 흔히 볼 수 있는 다람쥐보다 몸집이 조금 커다랗습니다. 몸길이 20~30센티미터, 몸무게 0.8~1.5킬로그램 정도 되지요. 꼬리 길이는 23센티미터 안팎이고요. 삼색다람쥐는 '세상에서 가장 아름다운 다람쥐'로 알려져 있습니다. 몸에 검은색, 흰색, 주황색 털이 적절히 나 있어 아름다움이 돋보이지요. 주요 분포지는 인도네시아, 말레이시아, 싱가포르, 태국 등입니다. 일부 지역에서는 이 다람쥐를 행운의 상징으로 여긴다고 하지요.
 삼색다람쥐는 땅보다 나무 위에서 빠르게 이동하며 활동하는 특징이 있습니다. 심지어 몇 미터 간격의 나뭇가지 사이를 훌쩍 뛰어다니는 모습을 볼 수 있지요. 이때 기다랗고 도톰한 꼬리가 몸의 균형을 잡아주는 역할을 합니다. 삼색다람쥐가 좋아하는 먹이는 과일과 씨앗, 나뭇잎 등입니다. 그 밖에 곤충과 새알 같은 동물성 먹이도 즐겨 먹지요. 1년에 2~3번 번식이 가능하며, 한배에 2~4마리의 새끼를 낳습니다. 임신 기간은 45일 안팎이지요. 평균 수명은 10~15년입니다.

분포지 인도네시아, 말레이시아, 싱가포르, 태국 등
크기 몸길이 20~30센티미터, 몸무게 0.8~1.5킬로그램
먹이 과일, 씨앗, 나뭇잎, 곤충, 새알 등

기니피그

 남아메리카에 주로 분포하는 쥐목, 천축서과 동물입니다. 예로부터 남아메리카에서는 원주민들이 고기를 얻기 위해 이 동물을 사육해 왔습니다. 그들은 기니아피그를 '꾸이'라고 부르며 가축으로 대했지요. 그런데 최근 들어 다른 지역에서는 기니아피그를 애완동물이나 실험동물로 이용하는 경우가 많습니다. 기니아피그는 얼핏 햄스터와 닮은 외모를 가졌습니다. 몸이 통통하고 다리가 짧지요. 하지만 이 동물은 몸길이 20~50센티미터, 몸무게 0.5~1.5킬로그램으로 햄스터에 비해 몸집이 훨씬 커다랗습니다. 또한 얼굴 생김새는 돼지의 이미지를 갖고 있기도 하지요. 털 색깔은 검은색, 흰색, 갈색을 비롯해 2~3가지 색이 섞인 것 등 다양합니다. 기니아피그는 주행성 동물로 식물의 잎과 줄기, 과일, 채소 등을 즐겨 먹습니다. 성질이 온순하고 무리끼리 별로 다툼을 일으키지 않아 여러 마리가 한 공간에 있어도 큰 문제가 없지요. 기니아피그는 번식력도 강한 편입니다. 가축으로 사육하는 경우에는 1년에도 여러 차례 각각 4~8마리의 새끼를 낳지요. 야생에서 평균 수명은 10년 안팎입니다.

분포지 남아메리카 등 **크기** 몸길이 20~50센티미터, 몸무게 0.5~1.5킬로그램 **먹이** 식물의 잎과 줄기, 과일, 채소 등

오소리

한반도와 중국, 일본, 러시아 등에 분포하는 포유동물입니다. 원통 모양 얼굴에 주둥이가 뭉툭한 특징이 있지요. 아울러 통통한 몸매에 굵은 목, 짧은 다리, 작은 귀를 갖고 있습니다. 발에는 크고 날카로운 발톱이 있어 땅을 파기 편리하지요. 몸에는 연한 갈색 털과 회색 털이 빼곡히 덮여 있는데, 무엇보다 얼굴에 보이는 검고 흰 줄무늬가 개성적인 모습입니다. 감각 기관 중에는 후각이 발달했으나 시력이 좋지 않지요.

오소리의 크기는 몸길이 55~90센티미터, 몸무게 10~16킬로그램 정도입니다. 꼬리 길이는 15센티미터 안팎이고요. 이 동물은 주로 산림 지대에 서식하며 밤에 먹이 활동을 하지요. 주로 땅 속에 그물처럼 연결된 굴을 파 보금자리를 만들며, 번식기에 2~6마리의 새끼를 낳습니다. 흔히 짝을 지은 암수를 중심으로 작은 무리를 지어 집단생활을 하지요. 오소리는 잡식성 동물입니다. 지렁이, 가재, 곤충, 물고기, 개구리, 뱀, 쥐, 토끼 등을 잡아먹습니다. 그리고 식물의 뿌리와 도토리, 버섯 등 식물성 먹이도 즐겨 먹지요.

분포지	한반도, 중국, 일본, 러시아 등	크기	몸길이 55~90센티미터, 몸무게 10~16킬로그램
먹이	지렁이, 곤충, 물고기, 개구리, 뱀, 쥐, 식물의 뿌리, 도토리, 버섯 등		

침팬지

유전적으로 인간과 매우 유사한 동물입니다. 하지만 뇌 용량은 인간의 3분의 1 내지 4분의 1밖에 안 되지요. 몸에는 전체적으로 검은 털이 덮여 있는데 얼굴과 손바닥, 발바닥, 엉덩이 등에는 털이 없습니다. 네 발로 걸어 다닐 때의 몸길이는 65~94센티미터, 몸무게는 40~75킬로그램 정도입니다. 두 발로 섰을 때의 키는 1~1.7미터쯤 되고요. 그 밖에 신체적 특징으로는 앞다리가 뒷다리보다 길며, 꼬리가 없지요. 침팬지는 아프리카 열대우림과 사바나 지역에 주로 분포합니다. 평소 과일과 나뭇잎 등을 즐겨 먹지만, 곤충을 비롯해 작은 동물을 사냥해 먹는 육식성 먹이 활동도 하지요. 아울러 침팬지는 여느 동물들보다 발달된 사회적 집단생활을 합니다. 보통 수십 마리가 모여 살며 엄격한 위계질서에 따라 질서를 갖추지요. 또한 침팬지는 이따금 도구를 사용하기도 합니다. 돌이나 나뭇가지 등을 이용해 단단한 껍데기를 깨고 개미를 잡아먹는 식이지요. 나뭇가지를 엮어 높은 나무 위에 보금자리를 만드는 습성도 갖고 있습니다. 침팬지의 평균 수명은 40~50년입니다. 번식기의 암컷은 약 8개월의 임신 기간을 거쳐 1마리의 새끼를 낳습니다.

분포지 서아프리카 및 중앙아프리카를 중심으로 한 열대우림과 사바나 지역

크기 몸길이 65~94센티미터, 몸무게 40~75킬로그램

먹이 과일, 나뭇잎, 곤충, 작은 동물 등

흑염소

 염소의 품종 중 하나로, 털 색깔이 온통 검은빛을 띱니다. '검은염소', '까만염소'라고도 불리지요. 염소 중에서 몸집이 작은 편입니다. 몸길이 60~80센티미터, 몸무게 30~40킬로그램 정도 되지요.

 흑염소는 우리나라 토종 염소로 알려져 있습니다. 거친 풀과 곡식을 가리지 않고 먹으며, 추위와 더위에도 강하지요. 성질도 온순한 편이라 가축으로 키우기 적합니다. 암수 모두 뿔이 있으며, 수컷의 경우 기다랗게 검은 수염이 달려 있어 더욱 눈에 띄지요. 암컷 역시 수염이 있지만 짧고, 아예 없는 개체도 있습니다. 또한 흑염소는 몸집에 비해 힘이 세고 달리기가 아주 빠릅니다. 몸이 물에 젖는 것을 싫어하며, 먹이 못지않게 소금을 잘 먹지요. 대체로 염소들이 소금을 즐겨 먹는다고 합니다.

 흑염소는 우리나라에서 오래 전부터 가축으로 길러 왔습니다. 주로 고기를 얻거나 약재로 이용했지요. 암컷은 160일 정도의 임신 기간을 거쳐 1~2마리의 새끼를 낳고, 평균 수명은 10년 남짓입니다.

분포지 한국   **크기** 몸길이 60~80센티미터, 몸무게 30~40킬로그램   **먹이** 풀, 나뭇잎, 열매, 곡물 등

포니

 세계 각 지역의 재래종 말을 가리킵니다. 흔히 '조랑말'이라고 하지요. 우리나라의 제주마를 비롯해 셰틀랜드포니, 웨일스포니, 해크니포니, 아메리카포니, 펠포니, 오스트레일리안포니, 후쿨, 익스무어, 노를란, 로키마운틴포니 등이 여기에 해당됩니다. 중앙아시아 초원에 살았던 프셰발스키도 포니의 일종이라고 할 수 있지요.
 포니는 몸길이 1.2~2.2미터, 몸무게 150~300킬로그램 정도의 몸집을 가졌습니다. 오랜 세월 각 지역의 자연 환경에 적응해 질병에 강하고 먹이 활동도 무난하게 이루어지지요. 대부분 몸집에 비해 근육이 발달했으며, 머리가 크고, 등이 곧은 편입니다. 또한 갈기가 풍성하고, 다리가 가늘며, 꼬리에 털이 많지요.
 포니는 각 지역의 필요에 따라 인간의 삶과 함께해 왔습니다. 짐을 나르거나 농사에 이용했으며, 교통수단으로도 사랑받았지요. 제주마의 경우도 체격에 비해 힘이 세고 성질이 온순해 오래 전부터 가축으로 길러 왔습니다. 지금은 천연기념물로 지정해 보호하고 있지요.

분포지	크기	먹이
전 세계	몸길이 1.2~2.2미터, 몸무게 150~300킬로그램	풀, 채소, 곡물 등

망토원숭이

'망토개코원숭이'라고도 합니다. 개코원숭이의 일종으로 아프리카의 에티오피아, 이집트, 수단을 비롯해 아라비아반도에 분포하지요. 산림과 사바나 지역뿐만 아니라 황량한 바위산에도 서식합니다. 주로 낮에 먹이 활동을 하고 밤에는 바위 절벽 등에 잠자리를 마련하는데, 이동 거리가 사방 30킬로미터에 이를 만큼 넓습니다.

망토원숭이는 몸길이 60~76센티미터, 몸무게 10~18킬로그램 정도의 몸집을 가졌습니다. 온몸에 옅은 갈색과 잿빛 털이 덮여 있지요. 특히 수컷의 경우 머리와 어깨, 가슴, 등 쪽으로 긴 털이 갈기처럼 나 있어 망토원숭이라는 이름을 얻게 됐습니다. 멀리서 보면 얼핏 망토를 걸친 것처럼 보인다는 의미지요.

망토원숭이는 가족 단위의 집단생활을 합니다. 몇 가족이 함께해 그 수가 수십 마리에서 100마리를 훌쩍 넘길 때도 있지요. 먹이로는 열매, 나뭇잎 같은 식물성과 도마뱀, 곤충, 게 같은 동물성을 가리지 않고 먹습니다. 주로 바위나 땅 위에서 생활해 나무는 잘 타지 못하지요. 평균 수명은 30~40년입니다.

분포지	에티오피아, 이집트, 수단, 아라비아반도	**크기**	몸길이 60~76센티미터, 몸무게 10~18킬로그램
먹이	열매, 나뭇잎, 도마뱀, 곤충, 게 등		

바라싱가

'늪사슴'이라고도 합니다. 인도와 네팔에 분포하는 사슴이지요. 과거에는 파키스탄과 방글라데시에도 살았지만, 지금은 목격되지 않는다고 합니다. 바라싱가라는 이름에는 '12개의 가지'라는 뜻이 담겨 있습니다. 이 사슴은 뿔에 보통 3개 이상의 가지가 나뉘어 자라는데, 수컷의 경우는 10여 개에서 20개까지 가지가 생성된다고 합니다. 그 모습을 멀리에서 보면 진짜 나뭇가지처럼 착각하기 십상이지요.

바라싱가의 크기는 몸길이 1.6~1.9미터, 몸무게 155~185킬로그램 정도입니다. 꼬리 길이는 20센티미터 안팎이며, 커다란 수컷의 경우 뿔의 길이가 1미터 가까이 되지요. 털 색깔은 계절에 따라 황갈색이나 적갈색을 띱니다. 무더운 여름에는 털 색깔이 조금 밝아지지요. 주요 먹이는 다양한 풀과 나뭇잎, 열매 등입니다. 바라싱가는 번식기가 되면, 경쟁에서 승리한 한 마리의 수컷이 여러 마리의 암컷과 함께 무리를 지어 생활합니다. 암컷은 여름에 1마리의 새끼를 낳아 7개월 남짓 보살피지요. 평균 수명은 20년 안팎입니다.

분포지 인도, 네팔   **크기** 몸길이 1.6~1.9미터, 몸무게 155~185킬로그램   **먹이** 풀, 나뭇잎, 열매 등

일본사슴

 이름 그대로, 일본을 중심으로 아시아 지역에 분포하는 사슴입니다. 꽃사슴의 일종이지요. 일본사슴은 다양한 풀이 자라는 산림 지대에 서식합니다. 크기는 몸길이 0.9~1.7미터, 몸무게 45~100킬로그램 정도지요. 꼬리 길이는 10센티미터 안팎이고, 수컷의 뿔은 80센티미터 넘게 자라기도 합니다. 뿔의 가지 수는 보통 5~8개이고요.
 평소 일본사슴은 작은 무리를 지어 생활합니다. 일부 수컷이 단독 생활을 하지만, 번식기가 되면 암컷들과 무리를 지으려 하지요. 이때 수컷은 자신의 영역에 암컷들을 끌어 모으기 위해 다른 수컷들과 치열한 싸움을 벌입니다. 암컷의 임신 기간은 7개월 남짓이며, 한배에 1마리의 새끼를 낳지요. 평균 수명은 15~20년입니다.
 일본사슴은 여느 사슴들처럼 풀과 나뭇잎, 나무줄기, 열매 등을 즐겨 먹습니다. 한낮보다는 아침과 저녁나절에 활발히 먹이 활동을 하지요. 연구에 따르면, 일본사슴은 10가지 정도의 저마다 다른 소리로 의사소통을 한다고 알려져 있습니다.

분포지 일본 등   **크기** 몸길이 0.9~1.7미터, 몸무게 45~100킬로그램   **먹이** 풀, 나뭇잎, 나무줄기, 열매 등

다람쥐원숭이

 중앙아메리카와 남아메리카에 분포하는 포유동물입니다. 여러 원숭이 종류 가운데 몸집이 작은 편이지요. 몸길이 23~37센티미터, 몸무게 0.6~1.1킬로그램입니다.

 다람쥐원숭이는 온몸에 짧은 털이 빽빽하게 나 있습니다. 털 색깔은 전체적으로 황갈색인데, 어깨 부분이 올리브색이고 다리는 오렌지 빛을 띱니다. 아울러 귀를 제외한 머리 부분은 털 색깔이 검지요. 무엇보다 이 원숭이는 밝은 색 털이 나 있는 얼굴과 대조적으로 코와 입 주변이 새까만 특징이 있습니다. 다람쥐원숭이는 열대우림 지역의 나무 위에서 주로 생활합니다. 주행성 동물로 나무 열매와 부드러운 나뭇잎, 곤충 등을 즐겨 먹지요. 특히 이 원숭이는 꼬리 길이가 36~47센티미터에 이를 만큼 긴데, 나무 위에서 움직일 때 그것으로 몸의 균형을 잡습니다. 보통 수십에서 수백 마리씩 떼를 지어 다니며 집단생활을 하지요. 다람쥐원숭이의 암컷은 번식기에 160일 안팎의 임신 기간을 거쳐 1마리의 새끼를 낳습니다. 평균 수명은 15~20년입니다.

분포지	중앙아메리카 및 남아메리카	크기	몸길이 23~37센티미터, 몸무게 0.6~1.1킬로그램
먹이	열매, 나뭇잎, 곤충 등		

줄무늬몽구스

 아프리카 중동부에 분포하는 몽구스입니다. 사바나 지역의 초원과 사방을 경계하는 데 어려움이 없는 숲에 서식하지요. 줄무늬몽구스는 보통 10마리 안팎이 무리를 이루어 생활합니다. 땅 속의 굴을 은신처로 삼아, 한낮보다는 아침과 해질 무렵에 먹이 활동을 하지요. 굴은 여러 마리가 함께 사용하는데, 입구를 여러 개 만들어 천적으로부터 자신과 무리를 보호합니다. 야생에서 즐겨 먹는 먹이는 곤충, 벌레, 새알을 비롯해 식물의 열매 등이지요.

 줄무늬몽구스는 몸에 비해 머리가 작으며, 긴 꼬리를 갖고 있습니다. 몸길이 50~65센티미터에 꼬리 길이가 18~25센티미터나 되지요. 몸무게는 1~2킬로그램입니다. 온몸에 짙은 회갈색 털이 덮여 있는데, 등에 흰 빛을 띠는 줄무늬가 가로로 10여 개 나 있어 줄무늬몽구스라는 이름을 얻게 됐습니다. 끝으로 갈수록 가늘어지는 형태의 꼬리는 거친 털이 덮여 있을 뿐 줄무늬는 보이지 않지요. 암컷은 번식기에 약 2달의 임신 기간을 거쳐 2~3마리의 새끼를 낳습니다. 줄무늬몽구스는 무리가 새끼들을 함께 돌보는 특징이 있지요.

분포지	아프리카 중동부 지역	크기	몸길이 50~65센티미터, 몸무게 1~2킬로그램
먹이	곤충, 벌레, 새알, 식물의 열매 등		

너구리

 한반도와 일본, 중국 동북 지역을 비롯해 러시아에도 분포하는 개과의 포유동물입니다. 개과에 속하는 동물 중 유일하게 겨울잠을 자는 것으로 알려져 있지요. 겉모습은 몸이 통통한 데 비해 다리가 무척 짧습니다. 그래서 동작이 민첩하지 못하지요. 주둥이도 날렵하지만 짧고, 귀의 모양은 둥글면서 작습니다. 꼬리에는 덥수룩하게 털이 덮여 있고요.
 너구리의 털 색깔은 전체적으로 황갈색인데 어깨와 등, 꼬리의 털끝은 검은색입니다. 얼굴과 가슴, 다리에는 흑갈색 털이 나 있고요. 너구리의 몸길이는 50~68센티미터, 몸무게는 4~10킬로그램 정도입니다. 일반적으로 겨울잠을 자기 전에 체중이 불어나지요. 너구리는 산림 지대와 계곡 부근에 주로 서식합니다. 낮에는 굴속에 숨어 지내다 해가 지고 나면 먹이 활동을 시작하지요. 들쥐, 물고기, 개구리, 뱀, 지렁이, 곤충, 새알 등 동물성 먹이를 비롯해 머루, 도토리, 고구마 같은 식물성 먹이도 즐겨 먹습니다. 암컷은 번식기에 약 60일의 임신 기간을 거쳐 3~8마리의 새끼를 낳지요. 평균 수명은 7~10년입니다.

분포지 한반도, 일본, 중국, 러시아 등　**크기** 몸길이 50~68센티미터, 몸무게 4~10킬로그램
먹이 들쥐, 물고기, 개구리, 뱀, 지렁이, 곤충, 머루, 도토리 등

아비누스개코원숭이

 개코원숭이를 일컬어 '비비'라고도 합니다. 아프리카 전 지역에 고루 분포하지요. 아비누스개코원숭이는 온몸에 갈색 털이 덮여 있습니다. 눈과 주둥이 주변으로는 피부가 드러나 있지요. 여느 원숭이에 비해 주둥이가 길고, 눈 사이 간격이 좁습니다. 얼굴빛은 검은색을 띠지요. 또한 뒷다리와 앞다리의 길이가 비슷하며, 굵고 기다란 꼬리를 갖고 있습니다. 몸길이 0.7~1.4미터, 몸무게는 16~40킬로그램 정도지요. 수컷의 몸집이 암컷에 비해 훨씬 커다랗습니다. 날카로운 입 속의 송곳니도 더 두드러져 보이고요.

 아비누스개코원숭이는 분명하게 서열이 정해진 수컷들을 중심으로 암컷과 새끼들이 집단생활을 합니다. 나무 위보다 땅에서 생활하는 데 익숙하며 나무 열매와 나뭇잎, 곤충 등을 즐겨 먹지요. 이따금 영양 같은 포유동물의 새끼나 토끼, 쥐, 새 등을 잡아먹기도 합니다. 볼주머니가 크기 때문에 한꺼번에 많은 양의 먹이를 입 안에 넣을 수 있지요. 번식기의 암컷은 약 6개월의 임신 기간을 거쳐 한배에 1마리의 새끼를 낳습니다.

분포지 아프리카 **크기** 몸길이 0.7~1.4미터, 몸무게 16~40킬로그램 **먹이** 나무 열매, 나뭇잎, 곤충, 포유동물의 새끼 등

다이아나원숭이

 서아프리카 지역에 주로 분포하는 원숭이입니다. 다이아나는 로마신화에 나오는 '사냥의 여신'을 가리키지요. 다이아나원숭이의 털 색깔은 전체적으로 검은 회색 또는 검은색이 우세합니다. 다만 이마 일부와 목, 가슴, 앞다리 안쪽, 넓적다리 바깥 부분 등에는 하얀 털이 나 있지요. 초승달 같은 눈썹과 목덜미의 털도 개성적인 모습입니다. 몸의 털은 대체로 짧으며 윤기가 흐르지요.

 다이아나원숭이는 깊은 산림의 나무 위에서 대부분의 시간을 보냅니다. 주행성 동물이며, 웬만해서는 땅에 잘 내려오지 않지요. 보통 한 마리의 수컷과 여러 마리의 암컷이 무리를 이루어 집단생활을 합니다. 번식기의 암컷은 약 5개월의 임신 기간을 거쳐 1~2마리의 새끼를 낳지요. 새끼는 6개월 남짓 어미의 보살핌을 받습니다. 평균 수명은 20~30년이고요. 다이아나원숭이의 주요 먹이는 나무 열매, 꽃, 곤충, 애벌레 등입니다. 나뭇잎은 어린 새순이 아니면 잘 먹지 않지요. 여느 원숭이처럼 다양한 소리와 몸짓으로 의사소통을 합니다.

분포지 서아프리카 **크기** 몸길이 40~60센티미터, 몸무게 4~7킬로그램 **먹이** 나무 열매, 꽃, 곤충, 애벌레 등

브라자원숭이

 프랑스 탐험가 '피에르 드 브라자'의 이름에서 명칭이 유래되었습니다. 중앙아프리카에 분포하지요. 열대우림의 늪이나 강가에 주로 서식합니다. 그래서 지역 주민들은 '습지 원숭이'라는 별명으로 부르기도 하지요. 다른 이름으로는 '네글렉투스원숭이'라고도 합니다.

 브라자원숭이의 크기는 몸길이 40~60센티미터, 몸무게 4.2~7.8킬로그램입니다. 온몸에 흑갈색 털이 덮였는데, 입 주변에는 흰 털이 길게 나 수염처럼 보이는 특징이 있지요. 또한 이마에 반달 모양의 주황색 털이 난 것도 개성 있는 모습입니다. 브라자원숭이는 대부분 네 발을 이용해 움직이며, 빼어난 수영 솜씨를 선보이기도 합니다. 물이 풍부한 지역의 숲에 서식하는 데는 그만한 이유가 있는 것이지요. 보통 10마리 안팎이 무리지어 생활하며 낮에 먹이 활동을 합니다. 주요 먹이는 나무 열매, 나뭇잎, 버섯, 꽃, 곤충, 애벌레 등이지요. 번식기의 암컷은 6개월 정도의 임신 기간을 거쳐 한배에 1~2마리의 새끼를 낳습니다. 평균 수명은 30년 안팎입니다.

분포지 중앙아프리카
크기 몸길이 40~60센티미터, 몸무게 4.2~7.8킬로그램
먹이 나무 열매, 나뭇잎, 버섯, 꽃, 곤충, 애벌레 등

기린

 지구상에 존재하는 포유류 가운데 키가 가장 큰 동물입니다. 수컷은 5.5미터에 이를 정도지요. 특히 목이 아주 긴데, 목뼈의 수는 다른 포유류와 같이 7개입니다. 암수 구분 없이 머리에 뿔이 있으며, 두 눈 사이에 난 작은 돌기도 볼 수 있습니다. 또한 혀의 길이가 약 45센티미터에 달해 나뭇잎을 훑는 등 먹이 활동을 하기 편리하지요. 털 색깔은 옅은 담황색 바탕에, 여러 가지 모양의 적갈색 반점이 섞여 있는 모습입니다. 기린은 주로 아프리카 사바나 지역에 서식합니다. 아카시아나무가 자리는 드넓은 대초원에서 소규모로 무리를 지어 생활하지요. 아카시아 잎을 즐겨 먹으며 소처럼 되새김질을 합니다. 오랫동안 물을 먹지 않고 살 수 있어 사바나 기후에 잘 적응하지요. 기린은 흔히 뒷다리 아래쪽에 머리를 기댄 채 서서 잠을 잡니다. 워낙 청각과 시각이 예민해 사자 같은 포식자가 접근하면 그 자세에서 냅다 달아나지요. 달리기 속도가 시속 50킬로미터에 달합니다. 기린의 수명은 약 25년이며, 임신 기간이 약 14~15개월로 사람보다 길지요. 한 번에 한 마리의 새끼를 낳아 9~10개월 동안 젖을 먹여 키웁니다.

분포지 아프리카 사바나 지역 **크기** 키 3.5~5.5미터, 몸무게 700~1900킬로그램
먹이 식물의 잎을 비롯해 다양한 풀과 열매, 꽃 등

프레리도그

 이 동물의 이름은 아메리카 초원을 뜻하는 '프레리'와 개를 뜻하는 '도그'를 합쳐 만들었습니다. 주변을 경계할 때 내는 소리가 개와 비슷해 그와 같은 이름이 붙었지요. 우리말로 '개쥐'라고도 합니다.

 프레리도그는 사회를 이루고 살아가는 대표적인 동물입니다. 우선 수컷 한 마리에 암컷 서너 마리가 짝을 이루어 새끼들까지 10~30마리의 가족을 형성하지요. 그런 가족이 다시 무리를 이루어 수백 마리나 되는 일종의 마을을 만들기도 합니다. 프레리도그는 대초원에 굴을 파고 사는데, 한 무리의 서식지에는 수십 개에 이르는 굴이 그물망처럼 펼쳐지게 되지요. 이 동물은 평소 굴속에 숨어 지내다가 한낮에 먹이 활동을 하러 밖으로 나옵니다. 그때도 항상 무리지어 움직이는 습성을 유지하지요. 프레리도그는 통통한 몸집에 다리와 꼬리가 짧습니다. 그러나 발톱이 길고 날카로워 먹이 활동에 도움이 됩니다. 털 색깔은 밝은 갈색이며, 청각이 예민하지요. 한 번에 4마리 안팎의 새끼를 낳고, 평균 수명은 3~5년입니다.

분포지 북아메리카 지역의 대초원　**크기** 몸길이 28~45센티미터, 몸무게 0.8~1.2킬로그램　**먹이** 풀, 씨앗, 채소 등

캥거루

  오스트레일리아를 상징하는 동물입니다. 주요 서식지도 오스트레일리아를 중심으로 뉴기니와 태즈메이니아섬 등 몇몇 지역에 한정되지요. 그럼에도 캥거루는 독특한 외모와 습성 때문에 전 세계인의 관심을 끌며 높은 인기를 누리고 있습니다. 다른 동물들과 구별되는 캥거루의 특징이라면, 무엇보다 아랫배에 있는 육아낭을 이야기할 만합니다. 쉽게 설명하면 '아기주머니'라고 할 수 있겠지요. 캥거루 어미가 출산을 하면 새끼는 곧 앞발을 이용해 육아낭으로 기어 올라갑니다. 그리고 그 안에 있는 젖꼭지를 빨며 성장하지요. 그 후 새끼는 젖을 떼고 나서 육아낭 밖으로 나와 좀 더 어미의 보살핌을 받게 됩니다. 이것은 출산 직후 캥거루 새끼의 크기가 2.5센티미터에 불과해 가능한 일이지요.
  캥거루는 주로 드넓은 초원과 숲에서 생활합니다. 꼬리와 뒷다리가 발달해 껑충껑충 뛰어다니며, 때로는 10미터씩 점프를 하기도 하지요. 달리기 속도가 시속 60킬로미터에 달할 만큼 매우 빠릅니다. 초식 동물이며, 수명은 12~18년 정도 됩니다.

분포지 오스트레일리아, 뉴기니, 태즈메이니아섬 및 주변 섬들
크기 몸길이 80~160센티미터 및 꼬리길이 70~110센티미터, 몸무게 14~30킬로그램
먹이 식물의 잎과 열매

레서판다

레서판다는 '너구리판다'라고 불립니다. 또는 '아기판다', '작은 판다', '레드판다'라고도 하지요. 모두 이 판다의 겉모습에서 유래된 이름들입니다. 우리가 흔히 판다라고 하는 '자이언트판다'에 비해 몸집이 작고, 생김새와 털 색깔이 너구리를 닮았기 때문이지요. '판다'라는 말에는 '대나무를 주식으로 삼는 동물'이라는 의미가 담겨 있다고 합니다.

레서판다는 몸길이 45~65센티미터, 꼬리길이 35~50센티미터, 몸무게 3~7킬로그램 정도 되는 귀여운 외모의 동물입니다. 둥그렇고 납작한 얼굴에 짧은 주둥이, 보통 크기의 역삼각형 귀를 가졌지요. 눈 주위에 반점이 있고, 길고 두툼한 꼬리에는 고리 형태의 무늬가 여러 개 있습니다. 몸의 털 색깔은 배와 다리 쪽이 어두운 흑갈색이며, 등 쪽은 적갈색에 가깝지요. 발가락은 5개씩지만, 앞발에 특이하게 엄지발가락처럼 생긴 것이 하나씩 더 있어 물건을 움켜쥐기 편리합니다.

레서판다는 야행성이며, 번식기가 아니면 거의 독립생활을 합니다. 대나무뿐만 아니라 새알이나 곤충, 나무 열매 등도 즐겨 먹지요. 야생에서는 수명이 8년 남짓 됩니다.

분포지	중국, 미얀마, 네팔, 인도, 부탄 등	크기	몸길이 45~65센티미터, 꼬리길이 35~50센티미터, 몸무게 3~7킬로그램
먹이	대나무, 과일, 식물 뿌리, 새알, 곤충 등		

아이벡스

생물학적 분류가 '동물계 > 척삭동물문 > 포유강 > 우제목 > 소과 > 염소속'인 동물입니다. 따라서 생김새가 소와 산양, 염소의 특징을 골고루 갖추고 있지요. 주요 서식지는 알프스 등 유럽의 산악 지대입니다. 번식기가 아닐 때는 암수가 따로 무리지어 생활하며, 식물의 잎과 열매 등을 먹이로 삼는 초식 동물이지요.

아이벡스는 수컷과 암컷의 모습이 조금 다릅니다. 털 색깔은 갈색으로 비슷하지만, 수컷이 암컷보다 몸집이 크며 훨씬 긴 뿔을 갖고 있지요. 등 쪽으로 부드럽게 휘어진 수컷의 뿔 길이는 1미터에 달할 정도입니다. 그에 비해 암컷의 뿔은 길이가 짧고 굵기도 평범하지요. 또한 수컷은 짤막한 턱수염을 갖고 있기도 합니다.

앞서 아이벡스는 산악 지대에서 생활한다고 설명했는데, 특히 바위산을 좋아합니다. 발굽의 모양이 험한 지형에 최적화되어 있어 바위산을 아주 잘 타지요. 그런 점은 천적으로부터 자신을 보호하는 데 도움이 됩니다. 야생 상태에서 아이벡스의 수명은 12~18년입니다.

분포지 프랑스와 스페인의 산악 지대를 비롯해 시리아, 수단, 에티오피아 등
크기 몸길이 75~170센티미터, 몸무게 40~120킬로그램
먹이 식물의 잎, 열매, 껍질 등

두발가락나무늘보

중앙아메리카와 남아메리카에 서식하는 포유류입니다. 태어나서 죽을 때까지 대부분의 시간을 나무 위에서 보내지요. 나무 위에서 먹고 자며, 번식까지 한다고 합니다. 두발가락나무늘보를 한마디로 정의한다면 '최고의 느림보 동물'이라고 할 수 있습니다. 모든 포유류 가운데 가장 느린 동물로 유명하지요. 그렇게 활동량을 줄여 영양분의 소비를 최소화함으로써, 몸집에 비해 적은 양의 먹이를 먹고도 거뜬히 살아남을 수 있는 것입니다.

두발가락나무늘보의 몸은 기다란 갈색 털로 덮여 있습니다. 머리가 작고 둥글며 짤막한 주둥이를 갖고 있지요. 또한 앞다리가 뒷다리보다 긴 점이 눈에 띄는데, 두발가락나무늘보의 경우 앞다리에 2개의 발가락을 가졌습니다. 거기에 길고 튼튼한 갈고리 모양의 발톱이 있어 나무를 움켜쥐고 매달릴 때 편리하지요.

두발가락나무늘보는 냄새를 잘 맡지만 청각이 둔한 편입니다. 그리고 헤엄을 칠 수 있지만, 땅 위에서는 잘 걸어 다니지 못하지요. 수명은 10~13년 정도입니다.

분포지 브라질, 아르헨티나, 페루 등 중남미 지역
크기 몸길이 45~74센티미터, 몸무게 3~8.5킬로그램
먹이 나뭇잎, 새싹, 열매, 곡물 등

아르마딜로

거북이 등처럼 갑옷 모양의 딱지가 등 쪽의 거의 전부를 덮고 있는 독특한 모습의 포유류입니다. 아르마딜로는 천적을 만날 경우 몸을 둥글게 말아 자신을 보호하지요. 단단한 등딱지 속으로 머리와 네 다리를 숨겨 적의 공격을 피하는 것입니다. 이 동물이 몸을 둥글게 말면 사람이 힘을 써도 잘 펴지지 않을 정도라고 하지요.

그 밖에도 아르마딜로의 겉모습에는 몇 가지 특징이 있습니다. 복부를 중심으로 한 피부에 털이 나 있고, 짤막한 네 다리와 긴 꼬리를 갖고 있지요. 짧은 다리에는 튼튼한 발톱이 있어 땅속으로 굴을 파는 데 안성맞춤입니다. 아울러 길쭉한 주둥이와 입 속에 100개 가까이 되는 작은 이빨을 가져 땅속에 집을 만들고 먹이 활동을 하기 편리하지요. 이 동물은 곤충, 지렁이, 뱀 등을 비롯해 나무뿌리까지 즐겨 먹습니다. 심지어 죽은 동물의 고기도 거리낌 없이 먹어 치우지요.

아르마딜로는 시각에 비해 청각과 후각이 매우 발달했습니다. 암컷은 한 번에 2~8마리의 새끼를 낳지요. 새끼의 등딱지는 성장할수록 점점 단단해집니다.

분포지 북미 남부와 중남미의 건조 지역
먹이 곤충, 지렁이, 뱀, 동물의 사체 등
크기 종에 따라 몸길이 12~100센티미터, 몸무게 200그램~60킬로그램

큰개미핥기

 큰개미핥기는 중남미 대륙에 서식하는 포유류입니다. 꼬리를 포함한 몸길이 2미터 안팎에 몸무게도 30~45킬로그램이나 되지만, 개미를 주식으로 삼는 동물이지요. 큰개미핥기의 외모 중 가장 특이한 것은 좁고 기다란 형태의 머리입니다. 주둥이가 원통형으로 길게 뻗어 있는데, 혀를 쭉 내밀면 60센티미터가 넘는다고 하지요. 혀의 너비는 1.2~1.3센티미터 정도로 매우 좁은 편이고요. 큰개미핥기는 그처럼 독특한 모양의 혀를 이용해 땅속의 개미를 효율적으로 잡아먹습니다. 그 밖에도 큰개미핥기는 여느 동물과 달리 개성적인 외모를 가졌습니다. 우선 어깨에서 몸통 방향으로 희고 검은 무늬가 보이지요. 앞다리에는 흰색 털이 나 있고, 발목 주변에는 검은색 띠를 두른 모습입니다. 그리고 앞발에 크고 단단한 발톱이 4개나 있어 나무나 땅을 부수고 파헤쳐 개미를 찾아내기 편리하지요.

 큰개미핥기는 땅 위에서 생활하며, 주로 낮에 활동합니다. 시력과 청력은 별로지만 후각이 발달했지요. 새끼를 키우는 어미 말고는 단독 생활을 즐기는 동물입니다.

분포지 아르헨티나, 과테말라 등 중남미 지역
크기 몸길이 170~240센티미터, 몸무게 30~45킬로그램
먹이 개미, 흰개미, 굼벵이 등

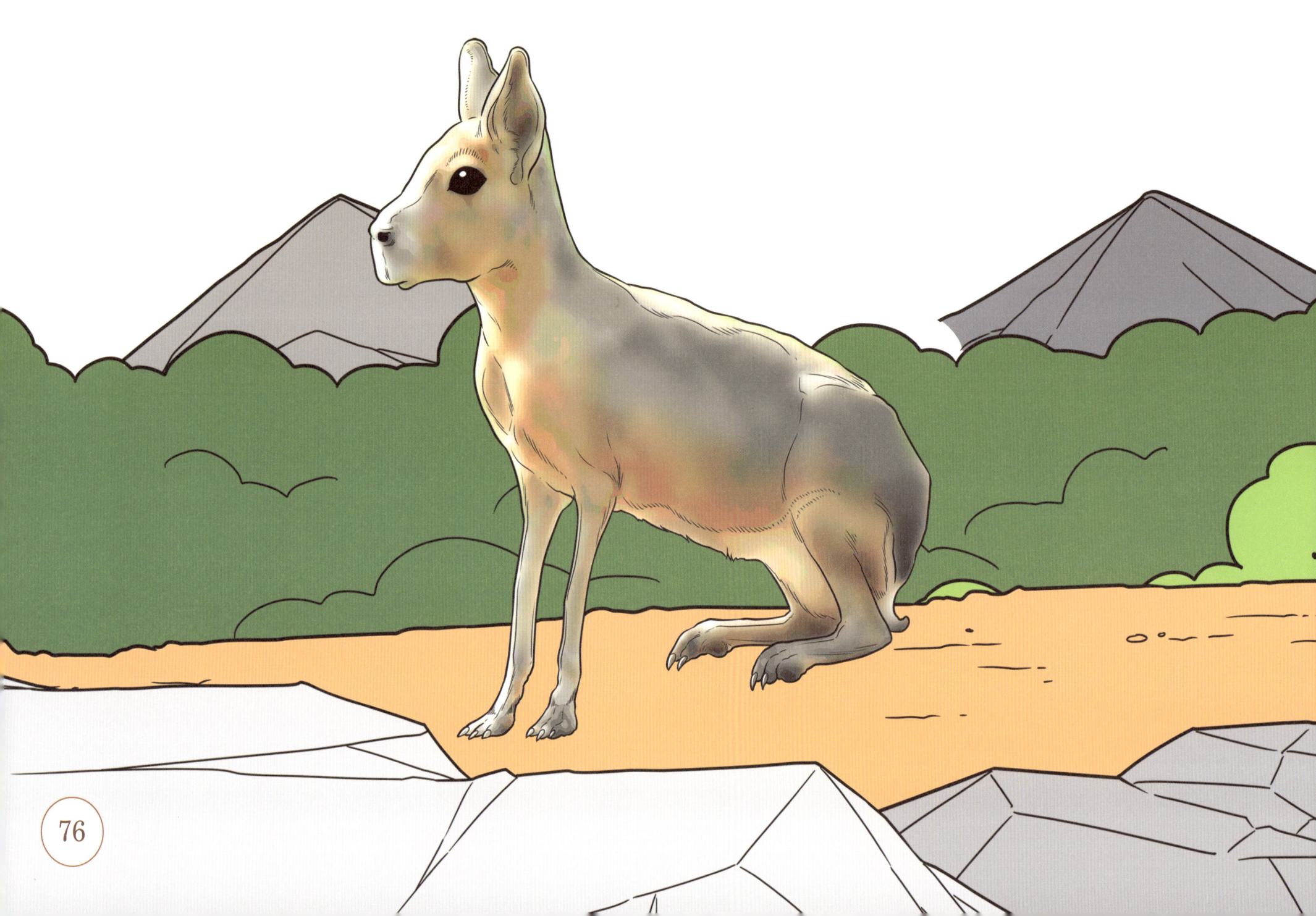

마라

 쥐과에 속하는 포유류입니다. 아르헨티나, 파라과이 등 남미 지역에 서식하지요. 몸길이가 약 70센티미터 안팎이라, 쥐나 토끼 같은 설치류 중에서는 몸집이 큰 편입니다. 이들은 초원에서 10여 쌍 정도가 무리를 지어 생활하는데, 낮에 주로 활동하고 밤에는 굴에 숨어 지내지요. 몸은 갈색에 회색 털이 섞였고, 배 쪽으로 흰색 털이 나 있습니다.

 마라의 체형은 얼핏 토끼를 닮았습니다. 그래서 달리기 실력이 뛰어나지요. 때로는 시속 40킬로미터 이상의 속도로 1킬로미터 넘게 내달리기도 합니다. 마라는 풀이나 나무껍질 등을 먹는 초식 동물인데, 그와 같은 빼어난 달리기 능력으로 천적들의 위협을 피해 살아가지요. 또한 마라는 한 해에 3~4번이나 출산할 만큼 번식력이 강합니다. 한 번에 평균 2마리 정도의 새끼를 낳아 암수가 함께 돌보지요. 마라는 공동 육아에도 익숙해, 가끔 어미를 잃은 새끼들을 대신 양육하는 모습을 보이기도 합니다. 마라의 평균 수명은 5~7년으로 알려져 있습니다.

분포지 아르헨티나, 파라과이 등 남아메리카의 초원 지역
먹이 풀, 식물의 뿌리, 나무껍질 등
크기 몸길이 68~75센티미터, 몸무게 9~16킬로그램

흰코뿔소

흰코뿔소는 코끼리에 이어 두 번째로 몸집이 큰 포유류입니다. 코뿔소는 현재 다섯 종이 남아 있는데, 머리에 한 개 또는 두 개의 뿔을 가졌지요. 그 가운데 흰코뿔소는 2개의 뿔이 있는 종입니다. 앞쪽 뿔이 뒤쪽 뿔보다 크지요. 모든 코뿔소의 뿔은 뼈가 자란 것이 아니라 케라틴이라는 단백질 성분으로 구성되었습니다. 또한 코뿔소의 피부는 두껍게 각질처럼 되어 있어 웬만한 외부 충격에 상처를 입지 않지요.

흰코뿔소의 주요 서식지는 아프리카 대륙입니다. 10~20마리 정도가 무리를 지어 생활하며, 겉모습에 어울리지 않게 다양한 종류의 풀을 주식으로 삼지요. 주둥이가 넓고 평평해서 짧은 풀까지 잘 뜯어먹을 수 있습니다. 아울러 흰코뿔소는 진흙 목욕을 즐기는데, 진드기를 제거하고 무더위에 체온을 낮추는 효과가 있지요. 오늘날 지구상에 생존하는 흰코뿔소의 수는 1만7천여 마리로 추측됩니다. 사람들이 뿔을 얻을 목적으로 마구 밀렵해 멸종 위기에 다다랐지요. 임신 기간이 16달이나 되고 한 번에 한 마리씩 새끼를 낳아 번식도 쉽지 않습니다.

 분포지: 아프리카 북동부 및 남부   크기: 몸길이 3.8~5미터, 몸무게 1천800~2천700킬로그램   먹이: 다양한 종류의 풀

물소

열대 지방에서 널리 사육되는 가축입니다. 우리 주변의 소와 달리 물이 풍부하고 날씨가 무더운 지역에서 잘 자라지요. 야생 물소의 원산지는 인도인데, 가축화된 이후 주로 동남아시아와 북아프리카 등에서 사육되고 있습니다.

물소는 흔히 '아시아 물소'라고 일컬어집니다. 강이나 늪 주변에서 생활하는 것을 좋아하는데, 힘이 세 농사와 짐을 나르는 일에 널리 이용되지요. 특히 인도와 파키스탄 등에서는 지금도 물소가 짐을 실은 수레를 끄는 모습을 쉽게 볼 수 있습니다.

물소는 보통 소와 비교해 몸집이 더 크고 털이 짧습니다. 털 색깔은 대부분 잿빛이 도는 검은색이거나 흑갈색이지요. 발끝부터 무릎까지 흰색 털이 나 있기도 합니다. 무엇보다 길고 단단한 뿔이 눈길을 사로잡는데, 머리 위로 낫처럼 휘어진 뿔의 길이가 1미터를 넘길 정도입니다. 수컷보다는 작지만 암컷의 머리에도 뿔이 나 있지요.

물소의 평균 수명은 18년 안팎입니다. 임신 기간은 310일이며, 한 배에 한 마리의 새끼를 낳습니다.

분포지 동남아시아, 북아프리카, 유럽 남부 등
크기 몸길이 2.4~2.8미터, 몸무게 800~1천200킬로그램
먹이 풀, 수초 등

수달

 족제비과 중 물속 생활에 가장 능숙한 동물입니다. 몸이 유선형이고 발가락 사이에 갈퀴가 있어 헤엄을 잘 치지요. 망막에 주름이 지고 안테나 역할을 하는 수염이 난 것도 물속에서 먹이 활동을 하는 데 도움을 줍니다. 아울러 짧고 굵은 털이 빼곡히 난 매끈한 피부는 방수와 보온 기능이 매우 뛰어나지요.

 수달은 아시아를 비롯해 유럽과 북아프리카에 널리 서식합니다. 다만 우리나라의 경우 그 수가 줄고 있어 1982년부터 천연기념물 제330호로 지정해 보호하고 있지요. 2012년에는 멸종 위기 야생생물 1급으로 지정하기도 했습니다. 수달은 물고기 등을 주요 먹이로 삼는 만큼 물이 있는 환경을 좋아합니다. 낮에는 바위틈이나 굴 같은 보금자리에서 쉬다가 주로 밤에 활동하지요. 시각과 청각, 후각이 고루 발달해 천적의 위협을 잘 피하며 먹이를 사냥할 때도 큰 도움이 됩니다. 수달은 보통 단독 생활을 하지만 가족 단위로도 서식합니다. 봄철에 2~4마리의 새끼를 낳아, 어미가 6개월 정도 키우지요. 평균 수명은 10~15년입니다.

분포지	크기	먹이
아시아, 유럽, 북아프리카 등	몸길이 57~75센티미터, 몸무게 5~12킬로그램	물고기, 개구리, 게 등

바바리양

겉모습이 양과 염소의 중간쯤 되어 보이는 동물입니다. 주로 북아프리카와 아시아에 서식하지요. 바위산을 생활 터전으로 삼는 경우가 많은데, 오랫동안 물을 먹지 않고 살 수 있어 건조한 기후에 잘 적응합니다. 또한 기온에 크게 영향을 받지 않은 강인한 체질을 가져 사막에서든 눈이 쌓인 곳에서든 꿋꿋이 생존하지요.

바바리양은 야생에서 작은 무리를 이루어 살며 식물의 잎과 뿌리 등을 즐겨 먹습니다. 머리에는 굵고 기다란 뿔이 나 있어 영역 다툼을 하거나 짝짓기 경쟁을 벌일 때 무기로 이용하지요. 몸에는 갈색 털이 덮여 있는데, 특히 가슴에 긴 털이 수북이 나 있습니다. 바바리양은 모래바람이 강하게 불 때 이 가슴털에 코를 박아 어려움을 벗어나곤 하지요.

바바리양은 수컷과 암컷의 몸집이 큰 차이를 보입니다. 암컷의 경우 몸무게가 60킬로그램 남짓이지만 수컷은 140킬로그램 안팎에 이르지요. 대부분 봄철에 1~2마리의 새끼를 낳으며, 평균 수명은 15년 정도 됩니다.

분포지 아프리카 이집트, 모로코, 수단 등을 비롯해 미국 일부 지역
크기 몸길이 1.3~1.9미터, 몸무게 60~145킬로그램
먹이 식물의 잎과 열매, 뿌리 등

미어캣

 디즈니 만화 영화 <라이온킹>에 등장해 더욱 친숙해진 동물입니다. 다른 이름으로 '슈리케이트'라고 하며, 아프리카 일부 지역에서는 '태양의 천사'라는 별명으로도 불리지요. 몽구스과에 속하는데, 발가락이 5개인 몽구스와 달리 미어캣은 앞뒤 발가락이 모두 4개씩입니다. 특히 앞발에 강한 발톱이 있어 굴을 파기에 적합하지요.
 미어캣의 주요 서식지는 남아프리카입니다. 산림보다는 건조한 평야 지대를 좋아하며, 앞서 말했듯 앞발로 5미터에 달하는 굴을 파서 보금자리를 만듭니다. 보통 수십 마리씩 무리를 지어 생활하고, 주로 낮에 먹이 활동을 하지요. 이 동물은 천적으로부터 자신을 보호하기 위해 활발히 경계 활동을 펼치는 것으로도 유명합니다. 각 개체들이 돌아가며 보초를 서서 천적의 접근을 동료들에게 알리지요. 그렇게 서로 협력해 새끼들을 보호하는 등 사회화가 제법 잘 이루어진 동물 집단입니다. 흔히 미어캣은 메뚜기와 딱정벌레 같은 곤충을 즐겨 먹습니다. 독에 대한 면역력이 강해 전갈이나 작은 뱀 등을 잡아먹기도 하지요.

분포지 짐바브웨, 모잠비크, 보츠와나, 앙골라 등

크기 몸길이 25~35센티미터 및 꼬리길이 20센티미터 안팎, 몸무게 1킬로그램 안팎

먹이 곤충 및 전갈, 뱀, 도마뱀 등

토끼

 포유동물인 토끼는 '멧토끼류'와 '굴토끼류'로 구분할 수 있습니다. 멧토끼류는 영어로 '헤어(hare)'라고 하는데, 우리나라를 비롯해 여러 나라 야생에서 흔히 보게 되는 토끼를 가리키지요. 잿빛 털을 가진 경우가 많으며, 높지 않은 야산에 주로 서식합니다. 중국, 일본 등 아시아와 유럽, 아프리카에도 멧토끼류가 널리 분포되어 있지요.

 영어로 '래빗(rabbit)'이라고 하는 굴토끼류는 오늘날 애완동물로도 키우는 집토끼의 조상입니다. 때로는 고기와 털을 얻기 위해 가축으로 기르기도 하지요. 굴토끼류는 이름에서 짐작되듯 굴을 파서 생활하는 습성을 가졌습니다. 굴을 잘 파지 않는 멧토끼류와 달리, 굴속에 집을 지어 먹이를 보관하거나 새끼를 낳아 키우지요. 토끼는 귀가 기다란 특징이 있으며, 앞다리가 짧고 뒷다리가 길어 깡충깡충 뛰어다닙니다. 또한 꼬리가 뭉툭하고 붉은빛이 비치는 눈을 가졌지요. 매우 순한 동물로 알려져 있지만, 자기들끼리는 목숨을 걸고 영역 다툼을 벌이기도 합니다. 토끼는 1년에도 2~3번씩 새끼를 낳아 번식력이 아주 강하지요. 평균 수명은 종에 따라 5~13년으로 다양합니다.

분포지 아시아, 유럽, 아프리카, 아메리카 등 전 세계

크기 몸길이 38~50센티미터, 몸무게 1.5~3킬로그램

먹이 풀, 나뭇잎, 나무껍질, 곡물 등

나귀

'당나귀'라고도 합니다. 원래 야생 나귀는 북아프리카와 아라비아반도를 중심으로 살았는데, 가축화된 후에는 전 세계로 널리 퍼져 나갔지요. 나귀는 체질이 강하고 거친 식물이나 곡물도 잘 먹어 어디에서나 잘 생존합니다. 식량과 물이 부족하거나 추운 날씨가 이어지는 환경에도 놀라운 적응력을 보이지요. 사람들은 일찍이 병에 잘 걸리지 않으면서 힘이 세고 끈기 있는 나귀의 특성을 알아채 가축으로 키워왔습니다. 농사에 이용하거나 무거운 물건을 실어 나르는 데 더할 나위 없이 좋았지요. 비록 말처럼 빠르지는 않지만, 멀고 험한 지형을 잘 걸어 다녀 교통수단으로서도 효율적이었습니다. 사람들은 나귀와 말을 교배시켜 '노새'와 '버새' 같은 새로운 품종을 만들어내기도 했지요. 나귀의 평균 수명은 40~50년입니다. 가축화된 나귀는 성격이 무던해 힘든 일을 시켜도 잘 견뎌냅니다. 하지만 야생의 예민한 성격을 완전히 잃지는 않아 조금이라도 위협을 느끼면 그 자리에 우뚝 걸음을 멈춘 채 주변을 경계하지요. 그런 상황에서는 아예 옴짝달싹하지 않아 고집불통 소리를 듣기도 합니다.

- **분포지** 가축화된 이후 전 세계에 분포
- **크기** 몸길이 1.5미터 안팎, 몸무게 250~300킬로그램
- **먹이** 풀, 나뭇잎, 당근, 고구마, 곡물 등

양

야생 양은 주로 고원지대에 서식합니다. 울퉁불퉁한 언덕과 바위 등에서 생활하는 것을 좋아하지요. 대부분 수십 마리씩 무리지어 움직이며 먹이 활동을 합니다. 초식동물답게 성격이 예민해 천적의 접근에 항상 주의를 기울이지요. 성질은 온순한 편이며, 풀이나 나뭇잎 등을 주요 먹이로 삼습니다. 야생 양의 경우 가축화된 양에 비해 털이 굵고 거칠며 꼬리 길이가 짧지요. 야생 양의 평균 수명은 7~10년 정도입니다.

양은 염소와 비교해 몇 가지 구별되는 점이 있습니다. 우선 양은 몸을 기준으로 머리의 높이가 높지 않지요. 양이 염소보다는 털이 부드럽고 곱슬거리며, 아래턱에 수염이 없습니다. 또한 염소와 달리 양은 거의 뿔을 갖고 있지 않지요. 성질 역시 염소는 활달하고 양은 유순합니다. 양은 겁도 많아 목양견 한 마리가 수십, 수백 마리의 양을 몰고 다니지요.

오늘날 양은 많은 나라에서 털과 고기를 얻기 위해 가축으로 키우고 있습니다. 오스트레일리아, 뉴질랜드 등의 양털 산업이 대표적이지요. 양고기를 즐기는 나라도 많습니다.

분포지 가축화된 이후 전 세계에 분포	**크기** 몸길이 1~1.2미터 안팎, 몸무게 90~120킬로그램
먹이 풀, 나뭇잎, 곡물 등	

일런드

동아프리카와 남아프리카 초원 지대에 분포하는 영양의 일종입니다. 자이언트일런드에 이어 몸집이 두 번째로 큰 영양이지요. 몸길이 2.5~3.4미터, 몸무게 400~900킬로그램입니다. '장수영양'이라고도 불리지요.

일런드는 암수 모두 뿔이 있습니다. 수컷의 경우 그 길이가 80~120센티미터 정도 되지요. 암컷은 그보다 작고요. 그런데 일런드의 뿔은 아래쪽부터 비틀어져 위로 올라가는 나선형입니다. 그 점이 다른 동물들의 뿔과 구별되지요. 또한 일런드의 털 색깔은 연한 갈색에서 적갈색까지 다양한 빛을 띱니다. 머리에 비해 몸이 커 보이며, 네 다리는 3미터 높이를 훌쩍 뛰어넘을 만큼 튼튼하지요.

보통 일런드는 수십 마리씩 집단생활을 합니다. 가뭄이 심해 물을 찾아 이동할 때는 수백 마리씩 무리를 짓기도 하지요. 또한 성질이 온순하고 질병에 강해 가축으로 키우기에 장점이 많습니다. 암컷의 임신 기간은 8~9개월이고, 한배에 한 마리의 새끼를 낳지요. 평균 수명은 20~25년입니다.

분포지 동아프리카와 남아프리카 초원 지대
크기 몸길이 2.5~3.4미터, 몸무게 400~900킬로그램
먹이 풀, 나뭇잎, 열매 등

아시아코끼리

 아프리카코끼리에 비해 몸집이 조금 작은 종입니다. 몸길이 5~6.5미터, 몸무게 2.5~5.5톤 정도지요. 이 코끼리의 경우 수컷만 상아가 있는데, 그 길이가 1.5~2미터에 이릅니다. 주요 분포지는 인도와 인도네시아 등 아시아 남동부 지역이지요. 아시아코끼리는 몸이 회색이나 갈색 빛을 띱니다. 피부가 두껍고 건조하며, 아프리카코끼리와 비교해 작은 귀를 가졌지요. 등의 굴곡이 아치형이며, 코 끝 한쪽에만 돌기가 있다는 점도 아프리카코끼리와 다릅니다. 또한 앞발에 5개, 뒷발에 4개의 발톱을 갖고 있지요. 아시아코끼리는 주로 나무가 우거진 숲에 살지만 초원에도 서식합니다. 한낮에는 휴식을 취하고, 아침과 저녁에 이동하면서 먹이 활동을 하지요. 주요 먹이는 풀과 나뭇잎, 열매, 나무껍질, 곡물 등입니다. 거의 단독 생활을 하는 수컷과 달리 암컷은 20여 마리씩 무리지어 생활하지요. 암컷의 경우 한배에 한 마리의 새끼를 낳으며, 임신 기간은 22개월 정도 됩니다. 야생 상태에서 아시아코끼리의 평균 수명은 70년 안팎으로 알려져 있습니다.

분포지 인도와 인도네시아 등 아시아 남동부	**크기** 몸길이 5~6.5미터, 몸무게 2.5~5.5톤
먹이 풀, 나뭇잎, 열매, 나무껍질, 곡물 등	

유럽들소

오늘날 유럽에 분포하는 포유류 중 가장 무거운 동물입니다. '유라시아들소'라고도 하지요. 비슷한 외모를 가진 아메리카들소와 비교해 털이 조금 짧지만 뿔과 꼬리는 더 긴 차이가 있습니다. 몸길이 2.5~3미터에 꼬리 길이는 80센티미터 안팎이지요. 몸무게는 600킬로그램이 넘어 1톤에 이르기도 합니다.

유럽들소는 암수 모두 뿔이 있습니다. 두개골의 형태가 짧고 납작하며, 이마에 곱슬거리는 털이 나 있지요. 또한 여느 들소처럼 목이 굵으며 어깨가 넓게 벌어졌습니다. 털 색깔은 대부분 적갈색과 흑갈색이 섞인 모습이지요.

자연 상태의 유럽들소는 군집 생활을 합니다. 특히 암컷의 경우 삼림 지역에서 20~30마리씩 무리지어 살며 풀과 나뭇잎, 나뭇가지 등을 즐겨 먹지요. 그에 비해 수컷은 단독 생활을 하거나 소규모로 무리를 짓습니다. 유럽들소는 여름철에 번식하고, 새끼는 태어나자마자 걷고 달리지요. 평균 수명은 25~30년으로 알려져 있습니다.

분포지 유럽 동부와 남동부　　**크기** 몸길이 2.5~3미터, 꼬리길이 80센티미터 안팎, 몸무게 600~1천 킬로그램
먹이 풀, 나뭇잎, 나뭇가지 등

그랜트얼룩말

 아프리카 북부 짐바브웨에서 동부 수단에 이르기까지 폭넓게 분포하는 얼룩말입니다. 우리가 동물원에서 만나는 대부분의 얼룩말이 바로 이 종이지요. 그랜트얼룩말은 나무가 별로 없는 사바나 지역이 주요 서식지입니다. 수십 마리씩 무리지어 생활하면서 땅 위의 풀을 뜯어먹지요. 흔히 기린, 가젤, 타조 등이 주변에서 어울려 살아갑니다.
 그랜트얼룩말은 온몸에 검은 줄무늬와 흰 줄무늬가 조화를 이루고 있습니다. 또한 짧고 곧은 갈기와 긴 털이 덮인 꼬리를 가졌지요. 특히 다리 근육이 매우 튼튼해, 설령 맹수라고 해도 걷어차일 경우 심각한 상처를 입게 됩니다.
 여느 초식동물처럼 그랜트얼룩말 역시 야생에서 사자 등의 먹잇감이 되기 십상입니다. 하지만 다리 근육의 힘이 강력한 것과 더불어, 달리기 속도도 아주 빠르지요. 평균 시속이 60킬로미터 이상 되기 때문에, 일단 가속도가 붙으면 맹수들이 쉽게 따라잡지 못합니다. 그렇게 자신의 목숨을 잘 지켜낼 경우 평균 수명이 20년쯤 된다고 하지요. 그랜트얼룩말의 임신 기간은 1년 정도이며, 한배에 한 마리의 새끼를 낳습니다.

분포지 아프리카 대륙의 사바나 지역 **크기** 몸길이 2.2~2.5미터, 몸무게 220~300킬로그램
먹이 초원의 풀과 나뭇잎 등

세이블앤틸롭

'검은영양'을 가리킵니다. 영양의 일종으로, 동아프리카와 남아프리카 사바나 지역에 분포합니다. '세이블영양'이라고도 하지요. 나무가 우거진 산림과 숲 근처 초원이 주요 서식지입니다. 10여 마리 또는 수십 마리씩 무리지어 생활하는데, 수컷이 우두머리 역할을 맡아 여러 마리의 암컷과 새끼들을 거느리는 경우가 많습니다.

세이블앤틸롭은 몸길이 1.8~2.7미터, 몸무게 150~300킬로그램의 몸집입니다. 암수 모두 뿔이 있으며, 그 끝이 뒤쪽으로 휘어진 낫처럼 생겼지요. 뿔의 길이는 수컷이 1.3미터 정도이고, 암컷은 채 1미터가 되지 않습니다. 어릴 때는 암수의 뿔에 별 차이가 없지만, 3살 이후부터 격차가 벌어지지요. 몸 색깔도 암수 모두 갈색을 띠다가, 자라날수록 수컷의 털이 점점 짙은 갈색으로 변합니다. 윤기 나는 검은빛을 띠는 경우도 적지 않고요.

세이블앤틸롭은 부드러운 나뭇잎과 초원의 풀을 즐겨 먹습니다. 시각과 청각 같은 감각 기관이 발달해 늘 주위를 경계하지요. 암컷의 임신 기간은 8~9개월이고, 우기가 끝날 무렵 한 마리의 새끼를 낳습니다.

- **분포지** 동아프리카와 남아프리카 사바나 지역
- **먹이** 풀, 나뭇잎, 열매 등
- **크기** 몸길이 1.8~2.7미터, 몸무게 150~300킬로그램

낙타

 북아프리카와 서아시아, 중앙아시아의 사막 지대에 분포하는 포유동물입니다. 풀과 나뭇잎, 나뭇가지 등을 주식으로 삼지요. 선인장처럼 가시가 있는 식물도 입에 상처를 입지 않고 잘 먹습니다. 그리고 낙타는 며칠간 먹이와 물을 먹지 않아도 거뜬히 견뎌냅니다. 그 비밀은 등에 솟아 있는 혹에 감춰져 있지요. 그것은 물주머니가 아니라 지방덩어리인데, 그 혹을 분해시켜 에너지와 수분을 얻는 것입니다. 낙타는 등의 혹에 따라, 혹이 하나인 단봉낙타와 혹이 두 개인 쌍봉낙타로 구분합니다. 단봉낙타는 주로 북아프리카와 서아시아에서 볼 수 있으며, 쌍봉낙타는 몽골 등 중앙아시아에 서식하지요. 몸집은 단봉낙타의 경우 몸길이 2.8~3미터, 몸무게 430~600킬로그램 정도입니다. 그에 비해 쌍봉낙타는 몸집이 조금 작지요. 낙타는 힘이 세고 온순한데다 열악한 자연 환경에서 살기 적합하게 진화해왔습니다. 그래서 예로부터 사막의 중요한 운송 수단이었지요. 또한 고기와 젖, 가죽 등을 얻을 수 있는 소중한 가축으로 길러왔습니다. 평균 수명은 40~50년입니다.

분포지 북아프리카, 서아시아, 중앙아시아의 사막 지대

크기 몸길이 2.8~3미터, 몸무게 430~600킬로그램

먹이 풀, 선인장, 나뭇잎, 나뭇가지 등

아메리칸테이퍼

 포유동물인 테이퍼는 크게 아메리칸테이퍼와 말레이언테이퍼로 구분합니다. 테이퍼를 한자어로는 '맥'이라고 하므로 아메리칸맥, 말레이언맥이라고도 부르지요. 말레이언테이퍼는 몸의 앞쪽과 네 다리가 흑갈색이며 몸의 뒤쪽과 배는 회색빛을 띤 흰색인데, 아메리칸테이퍼는 온몸이 갈색입니다. 아메리칸테이퍼는 중앙아메리카와 남아메리카 지역에 분포합니다. 시력이 약한 대신 후각이 발달해 주로 밤에 코를 킁킁대며 먹이를 찾아다니지요. 초식동물이어서 다양한 나뭇잎과 나뭇가지, 열매 등을 즐겨 먹습니다. 몸길이는 1.8~2미터, 몸무게는 200~300킬로그램 정도 되지요. 평균 수명은 30~35년입니다. 사람들은 흔히 아메리칸테이퍼를 일컬어 '신이 졸다가 만든 미완성 작품'이라고 합니다. 그 이유는 이 동물이 코끼리와 돼지, 코뿔소의 생김새를 한 몸에 가진 신기한 모습을 하고 있기 때문이지요.
 코의 구조는 코끼리, 몸통은 돼지, 발굽은 코뿔소를 닮았습니다. 현재 아메리칸테이퍼는 국제멸종위기종 리스트에 올라 있는 동물입니다.

- **분포지** 중앙아메리카, 남아메리카
- **크기** 몸길이 1.8~2미터, 몸무게 200~300킬로그램
- **먹이** 나뭇잎, 나뭇가지, 열매 등

큰뿔소

 소와 닮은 겉모습에 큰 뿔을 가진 포유동물입니다. 우리가 요즘 흔히 보는 소보다는, 그 조상이라고 할 수 있는 오로크스의 특징이 많이 엿보이지요. 오로크스는 유럽을 중심으로 유라시아 대륙에 널리 분포했지만 17세기에 멸종됐습니다. 무엇보다 위쪽을 향해 뾰족하게 서 있는 단단하고 커다란 뿔이 눈에 띄는 소였지요.
 큰뿔소는 몸길이도 오로크스와 비슷해 2.5~3미터에 이릅니다. 몸무게 역시 700~1천 킬로그램으로 차이가 없지요. 큰뿔소의 몸 색깔은 대부분 적갈색이지만, 검정색이나 적갈색 바탕에 흰 점이 있는 개체도 적지 않습니다. 주요 분포지는 아프리카 중부의 사바나 지역이지요. 특히 우간다 등에서는 재산 1호로 여길 만큼 큰뿔소를 소중히 대한다고 합니다. 이 동물도 여느 소처럼 풀과 나뭇잎, 과일 등을 즐겨 먹지요. 큰뿔소는 다른 소들이 그렇듯 임신 기간이 280일 안팎입니다. 보통 한배에 한 마리의 새끼를 낳지요. 큰뿔소의 평균 수명은 약 20년입니다.

 **분포지** 아프리카 중부 사바나 지역   **크기** 몸길이 2.5~3미터, 몸무게 700~1천 킬로그램   **먹이** 풀, 나뭇잎, 과일 등

꽃사슴

우리나라를 비롯해 타이완, 일본, 중국 등에 분포하는 사슴입니다. 주로 산림 시대에 서식하며 풀과 나뭇잎, 식물의 어린 싹, 이끼 등을 즐겨 먹지요. 이따금 나무껍질이나 도토리, 밤 등을 먹이로 삼기도 합니다. 또한 꽃사슴은 단독 생활보다 소규모로 무리지어 군집 생활을 하는 경우가 많습니다.

이 동물은 여름과 겨울, 계절에 따라 털 색깔이 달라집니다. 여름에는 전체적으로 연한 갈색을 띠다가 겨울이면 어두운 갈색으로 변하지요. 꽃사슴의 특징 중 하나인 흰 반점도 여름에 비해 겨울이 되면 적어집니다. 아울러 수컷의 뿔은 4월에 나와 11월쯤 떨어지는데, 뿔의 길이는 45~50센티미터 정도지요. 처음 뿔이 나는 해에는 한 가닥이었다가, 다음해부터 대개 세 가닥으로 뿔이 자라나게 됩니다.

꽃사슴의 몸길이는 130~150센티미터입니다. 몸무게는 50~90킬로그램이고요. 이 동물은 해마다 5~6월에 한 마리의 새끼를 낳는데, 임신 기간은 240일 안팎입니다. 그리고 평균 수명은 17~20년이지요.

분포지 한국, 타이완, 일본, 중국 등	**크기** 몸길이 1.3~1.5미터, 몸무게 50~90킬로그램
먹이 풀, 나뭇잎, 식물의 어린 싹, 이끼, 나무껍질, 도토리, 밤 등	

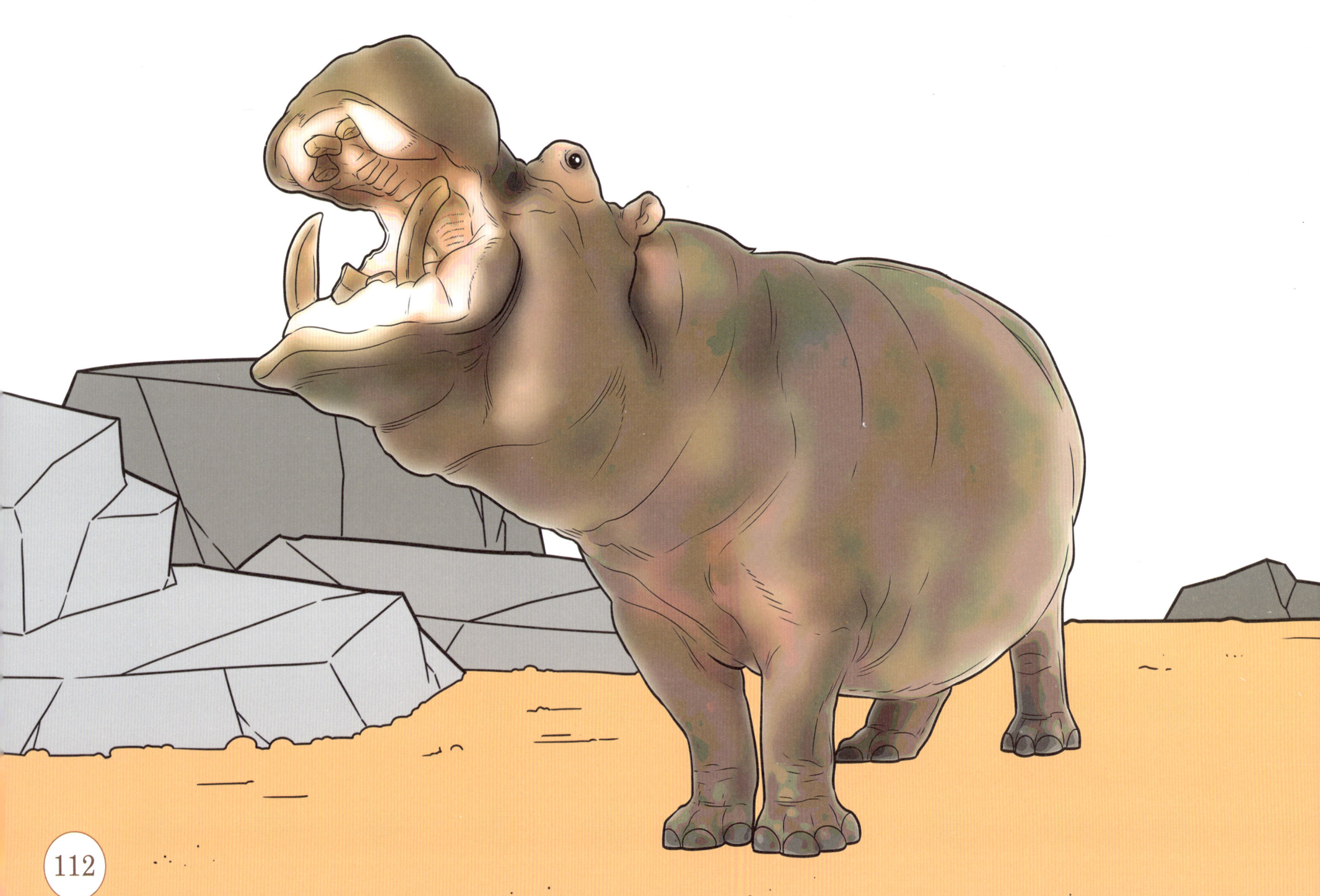

하마

 코끼리, 코뿔소와 함께 몸집이 크기로 유명한 육지 동물입니다. 몸길이 3.7~5.4미터에 몸무게는 1.5~3.2톤이나 되지요. 일부 수컷은 몸무게가 4톤을 넘기는 경우도 드물지 않습니다. 하마는 머리가 크고, 목이 굵으며, 뚱뚱한 몸에 원통형의 짧은 네 다리를 가졌지요. 또한 입이 크고, 귀가 작으며, 몸에 털이 별로 없고, 콧구멍을 물속에서 쉽게 여닫을 수 있습니다. 얼핏 보면 우스꽝스런 모습이지만 야생에서 어떤 맹수도 함부로 대하지 못하는 강인한 동물이지요.

 하마는 강이나 호수, 연못 주변에서 수십 마리씩 무리지어 생활할 때가 많습니다. 물속에서 지내는 시간이 매우 길지만 수영 솜씨는 뛰어나지 않지요. 오히려 몸집에 어울리지 않게 달리기 실력이 좋아 시속 40킬로미터쯤 됩니다. 하마는 주로 밤이 되면 땅으로 올라와 풀 등을 뜯어먹는 초식동물인데, 하루에 먹는 양이 60~80킬로그램에 이를 만큼 엄청나지요. 임신 기간은 240일 안팎이고, 한배에 한 마리의 새끼를 낳습니다. 새끼는 30~40킬로그램 정도로 태어나 물속에서 어미의 젖을 먹고 자라나지요. 평균 수명은 40~50년입니다.

분포지 동아프리카를 중심으로 한 아프리카 전 지역
크기 몸길이 3.7~5.4미터, 몸무게 1.5~3.2톤
먹이 풀, 나뭇잎, 열매, 식물의 뿌리 등

일본원숭이

 일본이 원산지인 원숭이입니다. 일본 각지의 산이나 평원에서 수십 마리씩 무리지어 생활하지요. 원숭이는 대부분 열대 지역에 서식하므로, 일본원숭이는 지구 위도가 가장 높은 지역에 사는 종이라고 할 수 있습니다. 오랜 시간 추위에 적응해온 덕분에 눈 쌓인 산에서도 일본원숭이를 만나게 되지요. 심지어 온천욕까지 즐기는 경우도 있다고 합니다.
 일본원숭이는 몸길이 50~70센티미터, 몸무게 8~18킬로그램의 몸집을 갖고 있습니다. 온몸이 회색빛을 띠는 갈색 털로 덮여 있고, 얼굴과 엉덩이의 피부는 선명한 다홍색이지요. 전체적인 겉모습과 습성은 여느 원숭이들과 별로 다를 바가 없습니다. 주요 먹이 역시 열매, 씨앗, 나뭇잎 등이며 곤충과 갑각류도 잡아먹는 잡식성입니다.
 일본원숭이는 다른 종의 원숭이들에 비해 성격이 온순한 편입니다. 무리의 구성원들끼리 활발히 소통하며, 봄과 여름 사이에 번식하지요. 약 150일의 임신 기간을 거쳐 한 마리의 새끼를 낳습니다. 평균 수명은 25~30년입니다.

분포지 일본의 산림과 평원　**크기** 몸길이 50~70센티미터, 몸무게 8~18킬로그램
먹이 열매, 씨앗, 나뭇잎, 곤충, 갑각류 등

코먼마모셋

'비단마모셋'이라고도 합니다. 브라질의 밀림에 분포하지요. 십여 마리씩 나무 위에서 무리를 지어 생활하며, 주로 낮에 활동합니다. 원숭이의 일종인데, 몸이 작고 생김새가 독특해 사람들의 큰 관심을 끄는 동물이지요.

코먼마모셋은 몸길이 15~25센티미터, 몸무게 230~300그램 정도밖에 안 되는 작은 동물입니다. 그에 비해 꼬리가 무척 길어 30센티미터 남짓 되지요. 게다가 털이 덮인 두툼한 형태라 개성적인 외모를 더욱 돋보이게 합니다. 이마의 흰 무늬를 비롯해 머리와 목에 갈기처럼 난 털도 눈길을 사로잡지요.

코먼마모셋의 주요 먹이는 나무 열매와 씨앗, 꽃, 곤충 등입니다. 특히 수액을 좋아해 즐겨 먹지요. 잘 발달된 앞니로 나무에 구멍을 뚫어 수액을 빨아먹습니다. 코먼마모셋은 번식기에 140~150일의 임신 기간을 거쳐 1~3마리의 새끼를 낳습니다. 그 후 새끼는 5개월 정도면 다 자라 어미로부터 독립하지요. 평균 수명은 10~12년입니다.

분포지 브라질의 열대우림 지역
크기 몸길이 15~25센티미터, 몸무게 230~300그램
먹이 수액, 열매, 씨앗, 꽃, 곤충 등

오랑우탄

인도네시아 보르네오섬과 수마트라섬에 분포하는 영장류입니다. 나무 위에서 생활하는 유인원 중 몸집이 가장 크지요. 몸길이가 1.2~1.5미터에 이르며, 몸무게는 50~90킬로그램 정도 됩니다. 특히 오랑우탄은 팔이 무척 길어서, 수컷이 양쪽으로 팔을 벌리면 2미터나 된다고 하지요. 이렇게 기다란 팔은 먹이 활동을 하거나, 나무에 매달려 한쪽 가지에서 다른 쪽 가지로 이동할 때 큰 도움이 됩니다. 이 동물의 이름인 오랑우탄에는 '숲에 사는 사람'이라는 뜻이 담겨 있습니다. 그만큼 영리하며, 행동이 온순하고 신중하지요. 평소 단독 생활을 하지만, 새끼를 가진 암컷을 중심으로 가족 관계를 형성하기도 합니다. 또한 대부분의 시간을 나무 위에서 보내는 오랑우탄은 나무 열매와 나뭇잎 등을 즐겨 먹습니다. 이따금 새알 등을 먹기도 하지만 흔한 일은 아니지요. 나뭇잎과 나뭇가지를 엮어 보금자리를 만드는 습성도 갖고 있습니다. 오랑우탄은 평균 수명이 40년 안팎입니다. 다 자란 암컷은 240일 정도의 임신 기간을 거쳐 한배에 한 마리의 새끼를 낳지요. 그리고 사람 못지않은 정성으로 새끼를 돌봅니다.

분포지	인도네시아 보르네오섬과 수마트라섬	크기	몸길이 1.2~1.5미터, 몸무게 50~90킬로그램
먹이	나무 열매, 나뭇잎, 새알 등		

알락꼬리여우원숭이

'호랑꼬리여우원숭이'라고도 합니다. 여느 여우원숭이처럼 마다가스카르섬에만 살지요. 모든 여우원숭이는 여우처럼 튀어나온 주둥이와 긴 꼬리를 갖고 있습니다. 더불어 알락꼬리여우원숭이는 얼굴이 하얗고 눈 주위와 코가 검은 특징이 있지요. 등 쪽에는 갈색이나 잿빛 털이 덮여 있으며, 가슴과 배 부분의 털은 흰색에 가깝고요. 또한 이름에서 알 수 있듯 기다란 꼬리에는 흑갈색 털과 흰색 털이 고리 형태로 번갈아 무늬를 이룹니다.

알락꼬리여우원숭이는 암컷을 중심으로 여러 마리가 집단생활을 합니다. 리더인 암컷의 지휘에 따라 다른 암컷들이 평생 어울려 사는 것과 달리, 수컷들은 떠돌이 생활을 할 때가 많지요. 주요 먹이는 다양한 열매를 비롯해 나뭇잎, 꽃, 나무껍질 등입니다. 먹이를 충분히 먹고 난 다음에는 일광욕을 즐기는 습성이 있습니다.

알락꼬리여우원숭이의 몸길이는 35~45센티미터입니다. 몸무게는 3~3.5킬로그램이고요. 그런데 꼬리가 몸보다 더 길어 55~62센티미터나 되지요. 평균 수명은 20년 안팎입니다.

- **분포지** 마다가스카르섬
- **크기** 몸길이 35~45센티미터, 몸무게 3~3.5킬로그램
- **먹이** 나무 열매, 나뭇잎, 꽃, 나무껍질 등

로랜드고릴라

 나이지리아, 앙골라, 카메룬, 콩고, 가봉 등 아프리카 대륙 곳곳에 분포합니다. '서부로랜드고릴라', '서부저지고릴라'라고도 하지요. 고릴라의 또 다른 대표 종인 마운틴고릴라에 비해 몸집이 더 큽니다. 몸길이 1.5~1.8미터, 몸무게 130~250킬로그램에 이르지요. 얼굴이 넓적하고 정수리 쪽이 솟아오른 모습입니다. 또한 근육질의 기다란 팔을 가졌는데, 그와 달리 다리는 짧은 편이지요. 털 색깔은 흑갈색이며, 수컷의 경우 잿빛이 섞여 있습니다.

 로랜드고릴라는 우락부락한 겉모습에 어울리지 않게 성질이 온순합니다. 주요 먹이도 다양한 열매를 포함해 나뭇잎과 나뭇가지 등이지요. 이따금 곤충을 잡아먹기는 하지만 주로 식물성 먹이를 섭취합니다. 그리고 대부분 수컷이 리더 역할을 하는 가족 단위 생활을 하지요. 이 동물의 무리는 제법 질서가 갖춰진 사회를 구성합니다.

 로랜드고릴라는 많은 시간을 땅 위에서 지내며 낮에 활동합니다. 밤에도 땅 위에 나뭇잎 등을 깔아 잠자리를 만들지요. 대부분 10년 가까이 자라야 번식을 시작하며, 평균 수명은 40~50년 정도입니다.

분포지 나이지리아, 앙골라, 카메룬, 콩고, 가봉 등
크기 몸길이 1.5~1.8미터, 몸무게 130~250킬로그램
먹이 나무 열매, 나뭇잎, 나뭇가지, 곤충 등

겜스복

아프리카 남부에 분포하는 소과 동물로 영양의 일종입니다. '남아프리카오릭스'라고도 하지요. 초식동물인 오릭스 종류 가운데 가장 몸집이 크며 개체 수도 많습니다. 몸길이 1.5~2.4미터, 몸무게 180~270킬로그램에 이르지요. 암수 모두 곧게 뻗은 긴 뿔을 갖고 있는데, 수컷이 좀 더 발달했습니다. 뿔이 워낙 길고 뾰족해 얼핏 창처럼 보일 정도지요.

겜스복은 회색빛을 띠는 연한 갈색 몸에 검은 줄무늬가 문신처럼 새겨진 모습입니다. 특히 얼굴과 배, 네 다리에 흰색 털이 나 있어 검은 줄무늬가 더욱 도드라져 보이지요. 마치 얼굴에 위장 크림을 바른 전사처럼 느껴지기도 합니다.

겜스복은 건조한 반사막과 사바나 지역에 주로 서식합니다. 한낮에는 그늘을 찾아 쉬다가 아침과 해질 무렵 먹이 활동을 해 나뭇잎과 열매, 나무뿌리 등을 주식으로 삼지요. 여러 마리가 집단생활을 하는데, 보통 한 마리의 수컷과 몇 마리의 암컷으로 무리를 이룹니다. 하나의 무리에는 그 해에 태어난 새끼들도 포함되어 있지요. 암컷은 280일 안팎의 임신 기간을 거쳐 한배에 한 마리의 새끼를 낳습니다. 평균 수명은 18~20년입니다.

분포지 나미비아, 보츠와나, 남아프리카공화국 등 아프리카 남부

크기 몸길이 1.5~2.4미터, 몸무게 180~270킬로그램

먹이 나뭇잎, 열매, 나무뿌리 등

몽고야생말

몽골 사람들은 워낙 말을 좋아해 오래 전부터 야생말을 가축화시켰습니다. 그래서 한때 몽고야생말은 멸종된 것으로 알려졌지요. 그 후 동물원에서 번식시킨 것을 야생으로 돌려보내, 지금은 수백 마리가 몽골의 알타이산맥에 존재합니다. 이 말을 일컫는 또 다른 이름이 있는데, '프셰발스키'라고 하지요.

몽고야생말은 10여 마리 정도가 무리지어 생활하는 습성을 가졌습니다. 추위를 잘 견디고 거친 먹이도 스스럼없이 먹어 치워 황량한 자연 상태에서 꿋꿋이 살아남지요. 체질이 강인해 다른 동물들과 영역 다툼을 벌일 때도 좀처럼 물러서지 않습니다. 여느 말처럼 풀과 열매 등을 주요 먹이로 삼으며, 암컷은 4~5월에 한 마리의 새끼를 낳아 번식합니다. 새끼는 태어나서 한 시간만 지나도 초원을 걸어 다닐 수 있지요.

현재 전 세계에 남은 유일한 야생말은 몽고야생말뿐입니다. 이 동물은 다른 말에 비해 몸집이 별로 크지 않습니다. 몸길이 1.8~2.2미터, 몸무게 220~350킬로그램 정도입니다.

분포지	크기	먹이
몽골의 알타이산맥	몸길이 1.8~2.2미터, 몸무게 220~350킬로그램	풀, 열매, 곡물

무플론

 야생양 중에서 몸집이 가장 작은 종입니다. 몸길이 1.1~1.3미터, 몸무게 32~100킬로그램 정도지요. 수컷은 물론이고 암컷도 뿔이 난 개체가 있지만, 수컷의 뿔이 훨씬 큽니다. 기다란 뿔이 크게 휘어 소용돌이를 치듯 자라난 모습이지요. 털 색깔은 대부분 짙은 갈색이며, 주둥이와 발목 등에 흰 털이 자라납니다.

 무풀론은 유럽의 코르시카섬과 사르데냐섬, 러시아 남부, 이라크 북동부 지역 등에 분포합니다. 산림 지대의 바위가 많은 지역에 주로 서식하지요. 햇살이 뜨겁지 않은 아침과 해질 무렵에 활발히 먹이 활동을 하는데, 싱싱한 풀과 나뭇잎 등을 즐겨 먹습니다. 또한 번식기가 아닌 때는 수컷과 암컷이 따로 무리를 지어 생활합니다. 그 때 암컷들은 새끼를 키우는데, 상대적으로 나이 많은 개체가 리더 역할을 하지요.

 무풀론은 계절에 따라 이동하지 않고 한 지역에서 살아가는 경우가 많습니다. 번식기의 암컷은 150일 안팎의 임신 기간을 거쳐 2~3마리의 새끼를 낳지요. 평균 수명은 13년 정도입니다.

분포지 유럽의 코르시카섬과 사르데냐섬, 러시아 남부, 이라크 북동부

크기 몸길이 1.1~1.3미터, 몸무게 32~100킬로그램

먹이 풀, 나뭇잎 등

과나코

 낙타과에 속하는 포유동물입니다. 남아메리카 대륙의 페루에서 아르헨티나에 걸쳐 분포하지요. 주로 산지에서 서식하지만 초원 같은 평지를 생활 터전으로 삼기도 합니다. 라마 못지않게 온순해 가축으로 기르기 적당하지요. 몸길이 1.2~2.2미터에 몸무게는 100~120킬로그램 정도입니다.

 과나코는 무더운 날씨와 추위에 모두 뛰어난 적응력을 보입니다. 바위가 많은 산악 지대와 건조한 땅에서도 별 어려움 없이 살아가지요. 또한 시속 50킬로미터가 넘을 만큼 빠른 달리기 실력을 갖고 있으며 수영도 잘합니다. 몸에는 긴 털이 덮여 있고, 자그마한 머리에 목이 길며, 네 다리가 날렵하게 뻗어 있지요. 몸의 위쪽 털 색깔은 황갈색이고, 아래쪽에는 흰 털이 나 있습니다. 그와 달리 얼굴은 검은빛을 띠지요. 과나코는 한 마리의 수컷이 여러 마리의 암컷과 새끼들을 이끄는 가족 단위 집단생활을 합니다. 그 수는 보통 15마리 안팎이지요. 암컷의 임신 기간은 10~11개월로, 한배에 한 마리의 새끼를 낳습니다. 주로 풀을 뜯어먹으며 살고, 평균 수명은 약 20년이지요.

| 분포지 | 남아메리카 대륙의 페루와 아르헨티나 | 크기 | 몸길이 1.2~2.2미터, 몸무게 100~120킬로그램 | 먹이 | 풀 |

아메리카들소

 북아메리카에 분포하는 포유동물입니다. 다른 소들과 비교해 몸집이 커서 몸길이가 3~3.8미터에 이르지요. 몸무게는 500킬로그램을 훌쩍 넘겨 1천300킬로그램까지 나가기도 합니다. 털 색깔이 머리를 중심으로 짙은 흑갈색을 띠기 때문에 더욱 강인한 인상을 내보이지요. 몸집에 비해 뿔이 크지는 않지만, 그래도 상대에게 위압감을 주기에 부족함이 없습니다. 게다가 길고 거친 털이 머리와 목을 덮고 있는 점도 상대를 움츠러들게 하지요. 아메리카들소는 여느 들소처럼 먹이를 찾기 위해 떼를 지어 이동하는 습성을 갖고 있습니다. 주로 아침과 저녁에 먹이 활동을 하며, 한낮에는 흙바닥에 몸을 굴리며 몸 관리를 하지요. 그런 행동은 털 속의 벌레들을 떼어내는 데도 도움이 됩니다. 주요 먹이로는 커다란 덩치에도 불구하고 초원의 싱싱한 풀을 즐겨 먹지요. 아메리카들소는 겉보기와 다르게 달리기 실력이 뛰어납니다. 무리지어 이동할 때 시속 50킬로미터에 이를 정도지요. 그리고 수영 솜씨도 빼어나 드넓은 강을 유유히 헤엄쳐 건너갑니다. 평균 수명은 20년 안팎으로 알려져 있습니다.

분포지 미국, 캐나다   **크기** 몸길이 3~3.8미터, 몸무게 550~1천300킬로그램   **먹이** 풀

사불상

 중국이 원산지로, 사슴과에 속하는 동물입니다. 지난날 중국에서 겉모습의 특징을 따 사불상이라는 명칭을 붙였지요. 그것은 머리가 말, 뿔은 사슴, 발굽이 소, 꼬리가 당나귀를 닮았으나 또한 그 무엇과도 비슷하지 않다는 의미를 담고 있습니다. 얼핏 별로 특별할 것 없는 외모지만 중국인다운 상상력으로 만들어진 이름이지요.
 중국에서 야생의 사불상은 일찍이 멸종되었습니다. 그런데 다행히 유럽으로 건너간 일부 개체가 번식에 성공해 지금은 전 세계 동물원에서 사육되고 있지요. 사불상은 몸길이 1.5~2.2미터, 몸무게 150~200킬로그램 정도입니다. 수컷만 뿔이 있는데, 제법 길고 가지가 여러 갈래로 뻗었지요. 몸은 전체적으로 잿빛이 섞인 붉은빛을 띱니다. 배와 다리 일부에는 흰 털이 나 있기도 하지요. 사불상은 여느 사슴에 비해 물을 좋아하고 헤엄을 잘 칩니다. 따라서 육지의 풀과 더불어 수생식물도 즐겨 먹지요. 암컷의 임신 기간은 8~9개월이며, 한배에 1~2마리의 새끼를 낳습니다. 평균 수명은 20년 안팎입니다.

 분포지 전 세계 동물원에서 사육 중   크기 몸길이 1.5~2.2미터, 몸무게 150~200킬로그램   먹이 풀, 수생식물